60일 완성
무조건 모이는
돈 버는 습관

돈 모으기에 늦은 때란 없다!
0원으로 시작하는

60일 완성
무조건 모이는
돈 버는 습관

박지수 지음

빅피시
BIG FISH

하루 5분 따라 하면,
5년 일찍 돈으로부터 자유로워진다!

현생을 살기도 바쁜데 미래를 생각하며 돈을 모으고 불린다는 게 쉬운 일은 아닙니다. 재테크 공부 좀 시작해 보려고 하면, 여기서 이런저런 소리가 들리니 혼란스럽기도 하고요. 한 고개 넘었다고 생각하면 또 다른 고개를 넘어야 하니 알수록 어렵게 느껴집니다. 그러다 결국 '재테크는 내 체질이 아닌가 봐' 하며 포기하는 분도 많지요.

저는 지난 5년 동안 경제 관련 콘텐츠를 발행하고, 재테크 교육을 하며 수천 명의 사람을 만나왔습니다. 그중 열에 일곱이 바로 그랬답니다.

그럼 나머지 셋은 어땠을까요? 처음에는 쭈뼛쭈뼛하며 "숫자에 약한데 저도 투자를 할 수 있을까요"라고 묻던 이들이 해가 갈수록 눈에 띄게 성장했습니다. 방법은 단 하나, 꾸준히 돈 모으는 습관을 일상화한 것이었습니다.

평범한 사람도 누구나 좋은 습관을 만들면 돈을 모을 수 있다는 경험을 여러 번 하면서, 그 과정을 돕는 로드맵의 필요성을 느꼈습니다. 돈 모으는 습관 만들기의 우선순위와 순서를 따진 후, 어렵고 복잡한 내용을 쉽게 풀고, 본질과 핵심만 뽑아서 단순화한 뒤 배열했습니다. 그렇게 정리해 보니 딱 60일이면 되겠더라고요. 60일만 집중하면 누구나 돈이 모이는 습관을 만들 수 있습니다.

이 책은 재테크의 기본부터 실전까지 단계별로 배울 수 있는 가이드북입니다. 순서대로 마인드셋(15일), 체질 개선(12일), 기본 개념 익히기(17일), 실전 재테크(16일)를 따라 하다 보면 자신만의 스타일을 찾아서 편안하고 안정적으로 재테크 습관을 만들어갈 수 있답니다.

재테크가 어렵고 복잡하다는 생각은 버리세요. 지금까지 제대로 배우지 못해 그런 것일 뿐이니까요. 또 책을 따라 했다가 실패해도 실망하지 마세요. 1년은 365일이니, 6번은 다시 도전할 수 있으니까요.

그럼 다같이 첫날부터 시작해 볼까요?

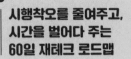

시행착오를 줄여주고, 시간을 벌어다 주는 60일 재테크 로드맵

사회 초년생

이제 막 사회생활을 시작해서 돈을 벌기 시작! 그런데 막상 뭐부터 시작해야 할지 모르겠다. 또 돈을 벌기 시작하니 사고 싶은 것은 많다. 현명한 소비와 재테크, 둘 다 놓치고 싶지 않다면?

소비 지향형

어차피 쥐꼬리만 한 월급을 모아봤자 할 수 있는 게 없고, SNS를 볼 때마다 사고 싶은 것은 넘쳐난다! 정말 티끌 모아 티끌일까? 소비 성향을 파악한 후 쓸데없는 소비를 줄이고, 이왕 살 거 돈이 되는 것을 사면 투자 수익까지 얻을 수 있다는 사실.

내 집 마련

재테크의 결정판은 역시 내 집 마련! 아주 먼 이야기 같지만, 차근차근 준비하다 보면 누구나 내 집을 마련할 수 있다. 일단 청약 통장부터 만들고, 대출을 이해하는 것부터 시작!

안정형 투자자

주식 투자는 겁나서, 예·적금 풍차 돌리기만 몇 년째. 그러다가도 투자 대박이 났다는 주변 이야기를 들으면 마음이 조급해진다. 안정적이면서도, 적금 이자 이상으로 돈 모으는 방법이 있을까?

공격형 투자자

주식에, 코인까지 투자하고 있지만, 손해가 막심해서 손절조차 못하고 있다. 그 때야말로 늦었다고 생각하지 말고 투자의 기본기부터 다시 배워야 할 때.

월수입

프리랜서

매달 정해진 급여를 받는 회사원과 달리, 불규칙한 수입 때문에 항상 불안하다. 또 일이 언제까지 있을지도 모를 일. 일단 벌 때 최대한 열심히 모으고 굴려야 한다!

노후 준비

1년 먼저 준비하면, 5년 일찍 은퇴할 수 있다. 여유로운 미래를 위해 중요한 건 일찍 연금 3종 세트를 준비하는 것. 결국 시간에 투자하는 것이 가장 큰 투자 성과를 안겨다 줄 수 있다는 점을 잊지 말자.

개인연금 퇴직연금 국민연금

짠테크

일단 소비를 줄이기 위해 무지출 데이를 하고 있지만, 때때로 지친다. 언제까지 짠테크와 예·적금만으로 종잣돈을 모아야 할지, 종잣돈은 얼마나 모아야 할지 모르겠다. 짠테크, 이대로 괜찮을까?

CONTINUE

프롤로그

하루 5분 따라 하면, 5년 일찍 돈으로부터 자유로워진다! **4**

1장. 마인드셋: 물건, 시간, 정보, 마음 정리

2장. 체질 개선: 벌고, 아끼고, 불리는 습관

3장. 기본 개념 익히기: 잃지 않고 모으는 법 배우기

4장. 실전 재테크: 돈 버는 포트폴리오 만들기

1장.

마인드셋:
물건, 시간, 정보, 마음 정리

새로운 일을 시작할 때는 기존의 생각과 습관을 버리고, 새로운 것을 받아들여야 합니다. 이를 위해서는 물건을 버리고, 마음을 비우는 등의 준비가 필요하지요. 왜냐하면 비워야 채울 수 있고, 새로운 일을 더 잘 시작할 수 있기 때문입니다. 첫걸음을 떼기란 쉽지 않겠지만, 일단 시작하면 어렵게 느껴졌던 돈 모으기가 쉬워지고, 점점 달라지는 자신도 발견할 수 있을 거예요.

DAY 1

소비하기 위해 일하는 삶
vs
일하기 위해 소비하는 삶

우리는 가끔 헷갈릴 때가 있습니다. 돈을 벌기 위해 사는 건지, 살기 위해 돈을 버는 건지 말이죠. 사실 잘 사는 것은 '목적'이고, 돈을 버는 것은 '수단'입니다. 예를 들어 직장인이라면 옷과 화장품을 사기 위해 직장에 다니는 건지, 직장을 다니기 위해 옷과 화장품을 사는 건지 자기 자신에게 물을 때가 있습니다. 벌어도 남는 게 없을 때가 종종 있으니까요. 이럴 때 우리는 주객이 전도된 것 같은 기분을 느낍니다.

이처럼 목적과 수단을 제대로 구분하지 못하면 돈을 제대로 못 모으고, 그렇다고 마음껏 쓰면서 살지도 못하게 됩니다.

그래서 돈을 벌고 쓰기 전에 '원하는 삶의 모습'과 '그것을 이루는 데 필요한 것' 그리고 '내가 해야 할 일'을 적어보는 것이 중요합니다. 우리는 돈을 벌기 위해 노력하고, 돈을 사용하는 방법을 계획해야 하며, 원하는 삶을 살기 위해 노력해야 하니까요. 재테크를 하기 전에 먼저 이러한 질문들에 대해 답해 보는 것은 돈을 어떻게 벌고 쓸지 결정하는 데 분명 도움이 될 거예요.

DAY 2

정리는
돈 버는 첫 걸음

아무것도 없는 방 안에서 취하는 숙면

소박한 살림살이에서 오는 여유

단순한 옷차림과 신발에서 묻어 나는 시크함

절약해서 모은 돈으로부터 얻는 경제적 안정감….

이런 생활을 꿈꾸시나요? 생활에 필요한 것들만 남기고 불필요한 것들을 제거하면 정리된 공간에서 마음의 여유와 안정감을 느낄 수 있습니다. 통장에 돈이 쌓이면 경제적 안정감도 가질 수 있으니 일거양득입니다. 소박한 살림과 적은 양의 옷과 신발만으로도 살아가기엔 충분합니다.

이제 주변을 정리할 차례입니다. 먼저 주변에 있는 물건 중 1년 이상 사용하지 않은 것들을 모두 꺼내 봅니다. 아마 겹치는 물품이 많을 거예요. 비슷한 색상의 립스틱, 같은 디자인의 재킷들, 매일 들고 다니는 가방 안에서 볼펜을 3개나 발견하기도 했답니다. 평소에 정리를 잘 안 했기 때문에 불필요하게 소비한 것들이죠. 늘여 놓은 물품들을 보면 '아! 아깝다'라고 생각할 게 뻔합니다. '쇼핑 금지', '무지출 데이', '아껴 쓰기' 구호를 외치며 허리띠를 졸라매지만, 정작 돈 새는 구멍은 따로 있던 것이죠. 그래서 강압적인 절약보다는 모르고 중복 구매하는 것을 멈추는 게 먼저입니다. 이제 정리를 시작해 볼까요?

[정리 체크 리스트]

- 옷은 계절별로 몇 개씩 가지고 있나요?____개
- 신발은 종류별로 몇 개씩 가지고 있나요?____개
- 가방은 가격대별로 몇 개씩 가지고 있나요?____개
- 그릇은 종류별로 몇 개씩 가지고 있나요?____개
- 화장품은 종류별로 몇 개씩 가지고 있나요?____개

집 안을 싹 정리해 보면 분명 중복해서 구입한 물건들이 나옵니다. 또 계획 없이 구매했다가 쓰지 않던 물건도 보일 거예요. 평소에 정리를 게을리했기 때문에 쓰

지 않아도 될 돈을 쓴 것이죠. 주변 정리를 끝냈다면 다음의 네 가지를 기억하세요.

정리하기, 처분하기, 안 사기, 기증하기!

남은 물건을 항상 같은 자리에 두고, 안 쓰는 물건이 생기면 즉각 처분하며, 여러 번 샀던 물건들을 떠올리면서 웬만하면 사지 말고, 사용하지는 않지만 쓸 만한 물건이라면 기증해 보는 습관을 만들어 보세요.

DAY 3

책 정리로 시작하는
구조화 작업

공간을 어지럽히는 물건을 정리했다면 이제 책장을 정리할 차례입니다. 책장을 정리한다는 건 머릿속을 정리하는 것과 마찬가지입니다. 지금까지 여러 번 재테크 공부하느라 구입한 책이 어지럽게 많으시죠? 곁에 두고 자주 볼 책이 아니라면 정리가 필요합니다.

이제 깔끔하게 정리해 볼게요. 마치 팬트리에 주먹구구식으로 쌓아두던 짐을 분류한 뒤 선반을 짜서 물건을 분류하여 재정리하는 과정과 유사합니다. 먼저 버릴 것을 버리고, 나머지는 구조화하는 작업을 해 보세요. 구조화란, 일관성 없는 복잡한 문제들을 프로세스를 통해 단순화하는 것을 말합니다. 이렇게 구조화를 하면 중요한 정보를 쉽게 찾을 수 있어 시간을 효율적으로 사용할 수 있습니다.

책 정리 방법은 다음과 같이 나열→구분→출간→정리→반복 순서입니다. 순서를 기억하면서 가지고 있는 책들을 정리하면서 함께 적어 볼까요?

[책 정리 순서]

① 나열: 무의식중에 책장을 어지럽히던 책을 모두 꺼내 보세요.

② 구분: 경제 지식, 투자 마인드, 부동산, 주식, 투자 등 분야에 따라 책을 구분합니다.

③ 출간: 구분한 도서를 출간일 순서로 정렬합니다.

④ 정리: 곁에 두고 다시 꺼내지 않을 책은 처분합니다.

⑤ 반복: 새로운 책을 구매했을 때도 분야별로 구분하여 책장에 넣습니다.

DAY 4

시간도
돈이다

루틴화란 매일 같은 일을 반복하는 것을 말합니다. 매일 반복하는 일에도 우리의 뇌는 에너지를 소모하거든요. 무의미한 에너지 소모를 줄이기 위해서는 반복되는 일들을 루틴화하면 됩니다. 예를 들어, 아침에 일어나 이부자리를 개고, 창문을 열어 환기하고, 따뜻한 물을 끓이고, 신문 펼치는 일을 루틴화해 보세요. 별 생각 없이 하는 일을 루틴화하면 시간을 좀 더 효율적으로 쓸 수 있답니다.

루틴화의 가장 큰 목적은 내가 원하는 일을 하는 데 더 많은 시간을 쓰기 위해서입니다. 원하는 일을 잘하기 위해서는 컨디션을 부단히 좋은 상태로 유지해야 하죠. 체력이 안 좋아서 못했다는 핑계를 댈 수는 없잖아요. 그러기 위해서 군더더기처럼 붙어 있는 자질구레한 일들을 과감히 쳐 내는 수고가 필요합니다.

누구나 똑같이 하루 24시간을 살지만, 사람마다 다른 성과를 내잖아요. 우리도 할 수 있습니다. 소중한 에너지의 상당 부분이 불필요한 일들에 허비되고 있다는 사실을 이제 깨달았으니까요. 매사에 어떤 일을 하고,

어떤 일을 하지 말아야 할지 판단해야 한다면 에너지 소비가 심하겠죠. 그래서 꾸준히 반복되는 일들은 일정 부분 루틴화하는 것이 좋습니다.

온종일 바쁘게 움직인 당신, 반복되는 일상을 루틴화해 보고 더 많은 시간과 에너지를 확보하세요. 아래 프로세스대로 일상의 루틴화를 시작해 볼까요?

[루틴화 프로세스]

① 시간대별로 데일리 스케줄을 작성합니다.

② 불필요한 습관적인 행동이 있었는지 확인합니다.

③ 고칠 수 있는 습관인지 스스로 질문합니다.

④ 해당 습관 때문에 낭비되는 시간을 매일 기록합니다.

⑤ 의식적으로 해당 습관을 하지 않으려고 노력합니다.

DAY 5

심플하고 안정적인
투자를 위한 시간 관리법

일상을 루틴화했다면 이제 시간 관리를 좀 더 세분화해 볼까요?

먼저 시간 관리를 해야 하는 목적을 상기해 보겠습니다. 한정된 자원인 시간을 효율적으로 사용하면 더 큰 성과를 누릴 수 있습니다. 누구나 똑같이 24시간을 살아가는데, 더 많은 일을 하고 더 큰 성과를 내는 사람들이 있죠. 비법이 뭘까요?

페이스북 창업자 마크 저커버그가 대표적인 사례입니다. 그의 사진을 보면 옷차림이 거의 똑같다는 걸 알 수 있죠. 저커버그가 매일 같은 옷을 입는 이유는 옷을 고르는 시간이 아까워서입니다. 그 시간 자원을 더 중요한 결정을 하는 데 사용하고 싶어서 이런 방식을 선택했다고 하죠. 애플의 스티브 잡스 역시 시간 소모를 줄이고자 늘 똑같은 옷만 입은 것으로 유명합니다. 그들의 패션이 오히려 실리콘밸리 사람들의 트렌드가 되기도 했다니 재미있지 않나요?

이처럼 우리도 불필요한 데 쓰이는 시간을 정리하고, 계획적으로 시간을 사용하여 일과 생활의 균형을 유지해 보면 어떨까요? 다음과 같이 시간 관리 팁을 알려 드릴게요.

[시간 관리 팁]

- 자신만의 생체 리듬을 확인하세요. 새벽형 인간도 아닌데 무리하게 미라클 모닝을 할 필요는 없습니다. 저녁형 인간이라면 저녁에 집중해서 할 수 있는 일을 배치합니다. 중요한 것은 가장 집중력이 높은 시간에 중요한 일을 하면 성과를 빠르게 확인할 수 있다는 겁니다.
- 체력을 기르세요. 운동할 시간이 없다면 택시나 자가운전 대신 대중교통을 이용하고 한 정거장 먼저 내려 걷는 것도 좋습니다. 당장 할 수 있는 것부터 시작하세요.
- 동선 관리를 통해 한꺼번에 여러 일을 처리하세요. 아이를 어린이집에 데려다주고 오는 길에 운동하

고 슈퍼에 들러 장을 봐서 집에 들어오는 것도 좋은 방법이죠.

- 임장(부동산 현장에 직접 가서 확인하는 활동)에 따로 시간을 내기보다, 평소 가고 싶었던 동네에서 약속을 잡고, 약속 시간보다 한 시간 일찍 도착하여 미리 돌아보는 것도 좋습니다.

- 출퇴근길 지하철 안에서 무의미하게 보내는 시간을 공부나 자기계발 등 다양한 방법으로 활용하세요.

- 메모지나 수첩을 들고 다니세요. 우리는 생각보다 잘 잊어버리기 때문에 짧은 기록도 요긴하게 쓰입니다. 눈으로 확인하지 못하면 시간이 가는 걸 깜박할 때가 많으니, 떠오르는 기억은 반드시 적어 두세요.

투자에도 시간 관리가 필요합니다. 직업 투자자가 아니라면 재테크에 지나치게 많은 시간을 할애하여 삶의 균형을 잃지 마세요. 그저 자신만의 원칙을 정하고 꾸준히 이어가는 것을 추천합니다. 나만의 루틴을 만들면 투자에 드는 시간은 절약되고, 안정적으로 투자를 이어갈 수 있답니다. 다음의 몇 가지 방법을 추천합니다.

[시간을 아껴주는 투자 원칙]

- 매일 경제 기사를 읽습니다.
- 매주 코스피·코스닥·원 달러 환율·금리·유가·금값의 추이를 기록합니다.
- 매월 가계부 수입과 지출 정산합니다. 바빠서 매일 쓰지 못해도 괜찮아요.
- 매 분기 투자 포트폴리오를 점검합니다. 변화된 경제에 따른 주기적인 조정이 필요합니다.
- 매년 자산 변화를 기록합니다.

DAY 6

쏟아지는
투자 정보 가려내기

투자를 위한 정보는 무수히 많습니다. 자고 일어나면 밤새 생산된 정보들이 매체별로 쏟아져 나오죠. 그 많은 정보 속에서 진실과 거짓을 구분하고, 쓸모 있는 것과 없는 것을 구분하는 작업에도 많은 시간과 에너지가 소비됩니다. 결국 '나는 이 많은 정보를 처리할 능력이 없는 사람이다'라고 생각하겠죠. 정보 자체에 무감해지기도 합니다.

그렇기에 몇 가지 신뢰할 만한 경로를 세팅하고, 맥락적 사고를 통해 인사이트를 찾으려 노력하는 게 좋습니다. 불필요한 유튜버나 SNS 구독은 지우고, 관심 있게 봐야 할 몇 가지 정보 채널을 확정해 볼까요? 다음은 투자에 관한 정보를 얻기 위해 추천하는 몇 가지 채널입니다.

경제 기사

텍스트 기반의 콘텐츠는 빠르고 쉽게 정보를 얻을 수 있고, 스크랩하기 좋다는 장점이 있습니다. 각종 온라인 뉴스 사이트 또는 신문 구독을 통해 신속하고 신뢰

감 있는 정보를 얻을 수 있습니다

투자 전문 유튜브

투자 전문 유튜브 채널은 투자에 대한 전문적인 지식을 쉽게 풀어서 제공해 줍니다. 대표적인 투자 전문 유튜브 채널로는 슈카월드, 삼프로TV, 소수몽키 등이 있습니다.

뉴스 레터

경제 뉴스 레터는 경제 분야의 최신 뉴스와 정보를 이메일로 제공하는 서비스입니다. 다양한 주제와 깊이 있는 분석을 제공하며, 독자들의 경제 지식과 인사이트를 향상시키는 데 도움을 줍니다. 무료 또는 유료로 제공하며 대표적인 뉴스 레터로는 래빗노트, 미라클 레터, 부딩, 위클리 비즈 등이 있습니다.

공공 금융 기관

공공 기관에서는 객관적이고 신뢰할 만한 경제 교

육 콘텐츠를 동영상, 웹툰, PDF 등으로 제공하고 있습니다. 금융감독원, 한국거래소, 한국은행, KDI 한국개발연구원 사이트 등을 참고하세요.

민간 금융 기관

증권사, 은행, 보험사 등에서는 SNS, 유튜브 등 다양한 플랫폼을 통해 재테크 정보를 제공하고 있습니다. 투자 교육 자료와 동영상, 리서치 보고서 등이 고객 눈높이에 맞춰 준비되어 있으니 거래하는 금융사 사이트를 챙겨 보는 것도 좋습니다.

DAY 7

물건, 정보, 시간 정리만큼
중요한 마음 정리

대부분 사람은 재테크를 하지 않습니다. 재테크는 어렵고, 미래에 대한 구체적인 계획이 없기 때문입니다. 그래서 늘 흐지부지 끝나는 게 재테크입니다. 꾸준히 재테크만으로도 지금보다 나아질 수 있다는 생각을 못 합니다. 왜냐하면 마음이 너무 복잡해서 재테크에 집중하기 어렵기 때문입니다. 앞에서 물건, 책, 시간, 정보를 정리했듯이 이번에는 마음 정리도 해 볼까요? 재테크를 시작하기 전에 버려야 할 다섯 가지 마음을 소개합니다.

첫째, 연약한 마음을 버려야 합니다.

누구나 재테크에 관심은 많지만 잘 모르거나 한두 번 실수로 인해 중도 포기하고 맙니다. 손실의 고통이 이익의 기쁨보다 두 배 크기 때문이라고 하죠. 널뛰는 주식 시장에서 안정을 찾고 중도에 포기하지 않으려면 마음 관리를 잘해야 한답니다.

보통은 주식 투자할 때 이렇게 약한 생각을 합니다.

'내가 잘할 수 있을까?', '지난번에도 괜히 주식 샀다가 망했잖아', '이제 이 세상 망하려나 보다…'

이럴 때 다음의 두 문장을 떠올리세요.

'나는 내 돈을 스스로 굴릴 능력이 있는 사람이다!'

'그럼에도 불구하고 세상은 투자하기 괜찮은 곳이다!'

둘째, 착한 마음을 버려야 합니다.

착한 사람이 복을 받는다는 권선징악 동화에 길들여진 것일까요? 유독 우리나라 사람들은 착해야 한다는 콤플렉스가 있습니다. 이렇게 강조되는 '착함'은 일방적인 인내를 강요하는 경우가 많습니다. 집을 사고 싶어도 배우자가 안 된다고 해서, 주식은 엄마가 하지 말라고 해서 등의 이유로 투자의 기회를 놓치곤 하죠. 한 번뿐인 인생, 누군가의 마음에 들기 위해 착하게만 살지 마세요.

셋째, 가족을 위해 지나치게 희생하지 마세요.

과거에는 남편을 성공시키고 자식을 잘 키우기 위해 많은 엄마가 희생했습니다. 하지만 최근에는 남녀 간 연봉 격차가 줄어들고, 직장 내 여성의 근무 조건이 개선되어 맞벌이 가구가 전체의 46%에 육박하고 있지요. 직장에 다니지 않아도 마찬가지입니다. 경제 공부도 하고, 강의도 듣고, 스터디 모임에도 가고 싶지만 가사에 발목이 잡히면 도통 움직일 수가 없습니다. 가사 노동을 분담하고 엄마들도 일이나 재테크를 할 수 있는 환경을 만들어야 합니다. 가족을 위해 내 시간과 능력을 희생하는 자세부터 버려야 합니다.

넷째, 재테크 공부가 어렵다는 편견을 버리세요.

"저는 경제를 1도 모르는데요."

어떤 공부든 처음부터 100% 이해하고 실행할 수 있는 사람은 1%도 안 됩니다. 대부분은 몰라도 책을 읽고 바쁘면 좀 쉬다가 다시 시작한답니다. 그러니 공부가 어렵다는 편견부터 버리세요.

다섯째, 뭔가를 싸게 사야겠다는 마음을 버리세요.

물욕을 줄이고, 허영심은 버리고, 돈과 시간의 소중함을 느끼면 좋겠습니다. 무언가를 사기 위해 하루 종일 최저가 검색만 하는 것은 시간 낭비입니다. 세상에 물건은 딱 두 종류입니다. 돈이 되는 물건과 돈이 안 되는 물건. 돈이 될 것 같은 물건은 명품·그림·귀금속 등이죠. 이런 건 시간이 흐를수록 가격도 오르니 지금 비싸더라도 사세요. 하지만 돈이 안 될 것 같은 물건은 싸도 사는 게 아닙니다. 그저 예쁜 쓰레기일 뿐입니다. 쓰레기를 사기 위해 돈과 시간을 낭비하지 마세요. 어렵지 않죠? 뜨끔하셨다면 성공입니다.

DAY 8

지속 가능한
재테크를 위한 마인드

이제는 재테크 계획을 세울 시간입니다. 지속 가능한 재테크를 하기 위해서는 한쪽으로 치우치지 않는 균형이 필요하죠. 우리는 "번·아·불(번다·아낀다·불린다)"이라는 삼각대를 세워 보겠습니다.

① 번다: 돈을 번다는 것은 정말 어려운 일. 소중한 일터에서 열심히 일하여 소득을 늘립니다.
② 아낀다: 내 기준에 맞게, 내 능력 범위 내에서, 절제보다 정제하며 적정 소비 생활을 합니다.
③ 불린다: 주식·펀드·ETF 등을 단발성이 아닌 지속성 있게 깨우치고 배우고 실행합니다.

복잡하면 어려우니 간단하게 위의 세 가지만 기억하면 좋겠습니다. 뭐든 다 알 필요도 없고, 뭐든 다 하겠다는 마음도 먹지 마세요. 그저 어제보다 좀 더 낫고 내일보다 조금 모자란 오늘이라면 괜찮습니다. 지금보다 나은 내일을 꿈꾸기 위해 경제 활동과 소비 생활, 재테크의 필요성을 알고 실천할 수 있어야 한답니다.

부를 이루기 위해서는 즉, 소득을 높이고 지출을 줄여야 합니다(공식 1). 조금 더 구체적인 방법으로는 경제 공부를 통해 수익률을 높이고 복리 효과를 누릴 수 있도록 장기간 투자합니다.

[부를 이루는 공식]
공식 1. 소득 - 지출 = 저축액
공식 2. 저축액 × 수익률 = 투자 수익액

그럼 저축액이 얼마나 모여야 본격적으로 굴릴 수 있을까요? 우리는 이러한 돈을 종잣돈이라고 말합니다. 종잣돈이란, 농사를 지을 때 씨앗이 있어야 하듯 자산을 모으고 불릴 때 종자가 되어 줄 돈이라는 뜻입니다. 내 자산의 종자가 되어 줄 종잣돈은 과연 얼마일까요? 나이와 지역에 따라 차이는 있겠지만 최근에는 보통 5천만 원~1억 원을 종잣돈의 기준으로 봅니다.

종잣돈을 마련하기 위해서는 먼저 저축을 하는 게 좋습니다. 저축만으로 종잣돈을 마련하는 게 쉽지는 않겠지만, 안정적으로 돈을 쌓아갈 수 있다는 점과 아껴 쓰는 습관을 키울 수 있다는 점에서 자산 형성 초기에 반드시 필요한 과정입니다. 1년 동안 적금을 부어 목돈을 마련했다면 그다음에는 복리를 활용합니다. 원금과 이자를 다시 예금으로 예치하여 복리 효과를 누리는 것이죠. 이렇게 몇 년을 반복하다 보면 생각보다 빨리 돈을 모을 수 있습니다.

저축으로 종잣돈을 마련하는 방법은 누구나 다 아는 이야기입니다. 마치 "수업 시간에 선생님 말씀만 듣고, 교과서로 공부했는데 서울대 갔어요"라고 말하는 것과 다를 바 없기도 하죠. 하지만 우리는 저축을 통해 인생의 교훈을 얻을 수 있습니다. 소비의 유혹을 이겨내고 목표한 금액을 쌓아가는 과정에서 작은 성공의 결과들도 함께 쌓을 수 있습니다. 작은 성공을 이룬 사람이 큰 성공도 이루기 마련이죠.

부자는 '남을 부러워하지 않는 자'입니다. 남의 성공담을 부러워하며 그저 그런 시간을 보냈던 날을 과거로 만들 수 있게 '나를 위한 계획'을 세워 봅시다. 과녁이 명확해야만 맞출 확률이 올라갑니다. 맞춰야 하는 과녁이 없으면 아무것도 이룰 수 없다는 것을 명심하세요!

DAY 9

위기에 투자하고,
호황 때 수익을 거둘 준비

부자가 되기 위한 출발점은 역시 돈을 많이 버는 일이겠죠. 먼저 돈 버는 방법에 대해 알아볼까요?

돈은 통상적으로 내가 가지고 있는 자원에서 생산해 낼 수 있습니다. 경제학에서는 생산 자원은 노동(인적 자원), 자본(물적 자원), 토지(자연 자원), 기업가 정신 등인데요, 이 네 가지 중 내가 갖고 있는 자원은 무엇일까요?

① 노동을 제공하고 대가로 받는 것은 임금, 즉 **근로소득**

② 여유 자금으로 예금이나 채권을 보유하고 그 대가로 이자를 받는 **자본소득**

③ 땅이나 건물 등 토지를 빌려주고 그 대가로 받는 지대, 즉 **임대 소득**

④ 기업가 정신으로 재화나 서비스를 생산하여 팔고 얻는 이윤, 즉 **사업소득**

이처럼 돈을 버는 방법은 여러 가지입니다. 한 번에 여러 방법으로 돈을 벌 수도 있는데, 이를 'N잡' 또는

'소득의 파이프라인'이라고도 말합니다. 이왕이면 여러 통로로 돈을 벌 수 있도록 만들고, 또 많이 벌면 좋겠죠. 돈을 잘 버는 방법도 알아볼까요?

① 자기 계발을 통해 노동(인적자본)을 극대화한다.
② 구체적인 목표를 세우고 저축과 투자를 통해 초기 자본(종잣돈)을 만든다.
③ 종잣돈을 바탕으로 땅이나 건물을 구입하여 안정적으로 돈 관리한다.
④ 기업가 정신을 바탕으로 창업에 도전하여 큰돈을 번다.

이제 우리의 모습을 관찰해 볼까요?

우리는 돈을 아끼기 위해 모든 영역에서 소비를 줄이고 돈이 생기는 대로 저축합니다. 너무 바빠서 신문 읽는 것은 엄두도 안 나고, 복잡하고 어려운 경제보다는 재미있는 콘텐츠에 빠집니다. 적게 벌더라도 열심히 살면 언젠가 부자가 될 거라 믿고, 가끔은 단기 투자에 성공하며 수익률을 맛보기도 합니다.

하지만 부자가 되고 싶다면 사소한 태도부터 바꿔야 합니다. 극도로 소비를 줄이는 것은 지속하기 어려우니 적절한 소비를 유지하며, 파일 조각 모음처럼 여기저기 흩어져 있던 잔돈을 모으고, 흥미 위주의 콘텐츠보다 내실 있는 콘텐츠를 구독하며, 경제 흐름과 산업의 변화는 꾸준히 공부합니다. 또 경제 위기 때는 과감하게 투자하고, 경기 호황일 때는 수익을 거두는 전략으로 대응합니다. 이제 부자가 될 준비되셨나요?

DAY 10

가장 큰 리스크는
재테크를 하지 않는 것

다음의 표를 예쁘게 출력해서 보이는 곳에 두고 매일 봅니다. 훌륭한 연주자도 매일 악기를 연습하고, 훌륭한 운동선수가 매일 몸풀기와 기본 동작을 연습하는 것처럼 재테크에 임하는 우리도 매일 최소한의 기본기를 익히면 좋지 않을까요.

[돈 모으기 불변의 10가지 진리]

① 부자가 된 후에는 예금만 해도 되지만, 지금은 저축과 투자를 병행해야 한다.

② 자산 배분은 시간을 많이 확보할수록 유리하다. 일찍 세팅하고 리밸런싱(투자 상품 비중을 조절하여 수익을 높이려는 과정)하자.

③ 변동성은 지나친 기대와 실망이 혼재하기 때문에 나타나는 현상일 뿐이다.

④ 장기 적립식 투자로 변동성의 파고를 넘어서자.

⑤ 투자는 불안정하기 때문에 자신의 성향에 맞는 수

준에서 해야 한다.

⑥ 시장을 떠났다가 돌아오면 다시 따라가기 힘들다.

⑦ 조정 국면은 매력적이고 두근거리는 순간이다.

⑧ 테마주(주제에 따라 상승세를 타는 주식)에 귀를 닫고 눈을 감자. 저건 내 것이 아니다.

⑨ 배당금은 황금알이다. 다시 주식에 재투자하여 거위 수를 늘리자.

⑩ 수익과 배당, 이자는 내 삶을 윤택하게 해 준다.

통계청의 자료(2022년 국민대차대조표[잠정])에 따르면 가구당 순자산은 5억 2,071만 원이었다고 합니다. 이를 모두 은행에 넣는다고 가정했을 때 받는 세후 이자(연 3% 기준)는 1,322만 원이고, 12개월로 나누면 한 달에 110만 원입니다. 그러니 우리 대부분은 가지고 있는 자산에서 나오는 이자만으로는 살기 어렵다는 뜻이죠. 그래서 소득이 있을 때 저축과 투자를 병행해야만 합니다.

이 단순한 논리를 빨리 깨달을수록 좋습니다. 80대까지 산다고 가정할 때, 20대에 깨달은 사람은 60년이라는 시간을 확보하고 장기 투자할 수 있으니까요. 인간의 욕망과 후회로 인해 시장은 언제나 부침이 있고, 그러한 부침과 상관없이 통화량은 늘어나니 자연스럽게 인플레이션이 생기고, 화폐 가치는 하락하며 땅은 희소하니까 지가는 상승하여 부동산 가격은 오릅니다. 단기적으로 1~2년 단위로 투자했다가 포기하고, 투자했다가 포기하고를 반복한다면 정작 상승장에서 소외될 가능성이 높습니다.

그렇다면 어떻게 살아야 할까요? 일상 속에 자연스럽게 투자를 녹여 내야겠죠.

DAY 11

저축과 투자의
적절한 비중

재테크는 저축과 투자를 말합니다. 저축과 투자는 돈을 불려준다는 목적이 같습니다. 하지만 전자는 안전해 보이고, 후자는 위험할 것만 같습니다. 맞습니다. 저축은 원금이 보장되고 처음에 확정한 이자를 정해진 만기에 받는다는 확신이 있기에 심적으로 안정적입니다. 반면 투자는 언제 얼마만큼의 돈을 돌려받을 수 있을지 알 수 없습니다. 게다가 원금 손실 가능성도 있습니다. 그러니 불안하죠. 하지만 위험을 감수하는 만큼 자산 가치 상승으로 더 많은 수익을 기대할 수 있습니다.

시중 은행 예금 금리는 3~5%대 수준입니다. tvN 드라마 〈응답하라 1988〉에서는 덕선이 아버지가 금리가 떨어져서 15%밖에 안 된다고 투정 부리는 모습이 나옵니다. 이런 걸 보면 예나 지금이나 은행 금리는 낮다고 생각하는 경향이 있습니다. 20년 뒤는 어떨까요? 아마 그때도 은행 금리가 낮다고 생각할 겁니다. 그렇기에 예·적금만 믿으면 안 됩니다. 저축과 투자를 적절한 비중으로 함께하는 게 좋겠습니다.

건강한 투자의 원칙은 무엇일까요?

첫째, 금융을 배운다.

둘째, 배운 내용을 상식적으로 투자한다.

셋째, 크고 작은 성공의 경험을 쌓는다.

직장, 육아, 학교 등을 이유로 이 모든 것을 해 본 적 없는 분이 대다수일 거예요. 혹은 재테크 책도 읽고, 주변에서 알려주는 정보에 한두 번 투자했지만, 원하는 수익을 꾸준히 얻은 분도 많지 않을 겁니다. 이제 어려운 금융 용어 앞에서 눈빛이 흔들리는 데 그치지 말고, 위의 세 가지를 실행에 옮길 시간입니다.

DAY 12

투자하지 않은 노후는
어떨까?

우리 대부분은 '투기'를 하면서 '투자'한다고 착각합니다. 투기란 뭘까요? 내가 하면 투자, 네가 하면 투기인 걸까요? 투자는 가치 상승을 목적으로 하고, 투기는 단기적으로 발생하는 가격 변동을 노린다는 점에서 차이가 있습니다. 이 둘을 확실하게 구분할 수 있어야 투자를 투기처럼 하지 않게 됩니다.

'투자'를 '투기'로 착각하는 사람들에게는 공통점이 있습니다. '재테크는 할 게 못 돼', '그냥 난 내 방식대로 살래' 하며 과거로 돌아가는 것이죠. 보통 10년 단위로 경기 사이클이 도니, 그렇게 2~3번만 재테크를 포기하면 20~30년이 훌쩍 지나가고, 청년은 장년으로, 장년은 노년으로 넘어갑니다.

"소년이로학난성(少年易老學難成) 일촌광음불가경(一寸光陰不可輕)" 즉, 소년은 늙기 쉽고 학문은 이루기 어려우니 짧은 시간이라도 가벼이 여기지 말라는 말이 있는데요. 이 말을 이렇게 바꾸고 싶네요.

"청년이로부난성(靑年易老富難成) 일촌광음불가경(一寸光陰不可輕)." 소년은 늙기 쉽고 자산은 불리기 어려우니 짧은 시간이라도 가벼이 여기지 말라!

다음 리스트에서 내가 투기를 하는 것은 아닌지 체크해 보세요.

□ 주식 시장이 열리는 시간에 꼭 주가를 확인한다.

□ 미국 주식 시장을 보느라 새벽까지 못 자거나 일찍 일어난다.

□ 누가 뭘 샀는지 궁금하다.

□ 나보다 더 많이 아는 사람이 추천한 상품이 낫다.

□ 매체의 추천 종목에 투자했다가 손실을 봤을 때 실망과 분노를 느낀다.

□ 투자로 일확천금을 얻을 수 있다고 생각한다.

□ 저위험 고수익이라는 것이 존재한다고 믿는다.

□ 종잣돈을 모으기 위해 고위험 상품에 돈을 넣는다.

□ 레버리지를 활용하는 것은 언제나 옳다.

여기에 모두 체크하셨나요? 그게 바로 투기입니다. 지금까지 투기를 해 놓고 투자를 했다고 착각하면 안 되겠죠? 투자를 제대로 배우지 못하면 투자 시장에서 눈물을 흘린 후에 세상을 원망하며 자책하게 됩니다.

투기는 도박과 다를 바 없습니다. 내가 찍은 상품이 단기간에 성과 내기를 기대하는 것 자체가 즉각적인 보상을 바라는 도박자와 같기 때문입니다.

반대로 '투자'를 하려면 어떤 점에 집중해야 할까요?

① 기본적인 경제 개념을 공부해야 합니다.

② 경제 기사를 읽으며 경제 흐름과 변곡점을 확인해야 합니다.

③ 투자에 집중할 수 있는 환경을 유지해야 합니다.

④ 더욱 난이도 있는 투자를 해 보겠다는 의지를 가져야 합니다.

⑤ 단계별 투자 경험을 통해 새롭게 배워야 합니다.

⑥ 투자 후 견딜 수 있는 인내력이 있어야 합니다.

⑦ 나도 틀릴 수 있다는 겸손함을 가져야 합니다.

투기가 '도박'이라면, 투자는 '게임'과 비슷합니다. 가능한 내가 이길 수 있는 게임을 선택해야 하고, 레벨에 맞게 도전해야 하며, 투자 기간에는 여러 라벨의 난이도를 넘어서야 합니다. 투자하는 동안 공부하고, 분석도 하며 자신에게 맞는 투자법과 무기를 찾으면 덩달아 기량도 높아지겠죠. 그 과정에서 덤으로 얻는 것은 세상을 보는 지혜입니다. 이제 투기하지 말고 투자를 할 때입니다.

DAY 13

투자의 결정권자는
나

'숫자는 어렵고, 권위자의 말은 솔깃하다.'

이런 분이라면 대부분 재테크 초보자이시겠죠. 급진적 인상론자, 영원한 비관론자, 정책 입안자, 자산 운용사 대표 등 누구든 자기에게 유리한 말을 쏟아 낼 수밖에 없음을 인정해야 합니다.

방송, 유튜브, 신문에 나오는 사람일수록 대중은 그렇게 판단하기 쉽습니다. "전문가를 모시고 말씀 나눠보겠습니다"라는 말에서의 '전문가'가 해당 분야 권위자라는 생각에 맹목적으로 신뢰하기 쉬워요. 하지만 전문가라고 해서 모두가 '진짜 전문가'인 것은 아닙니다.

왜 우리는 권위자의 말에 솔깃할까요? 권위 있는 사람이 주장한다는 이유만으로 그 내용이 사실이라고 믿는 현상을 '권위에의 호소 편향(Appeal to Authority Bias)'이라고 합니다. 권위자 앞에서 작아지는 게 인간이란 존재인 것이죠. 예를 들어, 윗사람이 잘못하는 것을 봐도 지적하지 않는 게 사회생활의 불문율인 것 아시죠? 그래서 한 항공기 사고의 원인 중 하나가 기장의 실수를 부기장이 알고도 모른 척했기 때문이라는 보도도 있었습니다.

　그래도 전문가는 여러 자료를 바탕으로 전망하는
것이 일이니, 잘 알지 않을까 생각할 수도 있습니다. 전
망도 지속하다 보면 맞을 때가 있고 틀릴 때가 있습니
다. 전망 자체가 맞을지 모르는데 그 말만 철석같이 믿
고 투자를 강행하는 것은 위험한 일이죠. 권위자의 말이
논리적으로 맞다고 여겨지면 그 순간부터 다른 변수는
눈에 들어오지 않습니다.

　그런데 투자가 어디 그리 쉽나요. 세상 끝에 있는
나라의 정권만 바뀌어도 나비효과처럼 내 자산에 영향
을 미치는데 말이죠. 안테나를 바짝 세우고 길을 찾아야
할 때일수록 권위자의 말만 믿고 안테나를 접어버리는
것은 위험한 행동입니다.

　과거 실적이 미래의 수익을 보장해 주지 않는다는
점에서 자료도 참고만 해야 합니다. 결국 자신의 경험
과 지식, 주변 환경, 자금 사정, 라이프 스타일, 생애 주
기 등을 고려한다면 같은 정보를 받아들이더라도 수백
만 가지의 결정이 나올 수밖에 없습니다. 그리고 어렵지

만 이 결정을 잘해야 단단한 인생을 살 수 있습니다. 그러니 조금씩 스스로 판단하고 투자하는 연습을 해 나가야 합니다.

DAY 14

얼마나 있어야
만족할 수 있을까

"인생은 욕망과 권태를 오가는 시계추다."

대표적인 독일 철학자 쇼펜하우어의 말입니다. 그런데 비관적인 시선으로 세상을 바라보면 오히려 헛된 희망을 꿈꾸지 않고 현실을 직면할 수 있습니다.

그의 사상이 잘 표현된 저서 《쇼펜하우어의 행복론과 인생론》의 문장 하나를 소개하겠습니다

"젊은 시절을 방해하고 불행하게 만드는 것은 '행복은 꼭 손에 넣어야 하는 것'이라는 확고한 가정 아래 행복 사냥에 나서는 일이다. 여기서부터 희망은 늘 좌절하기만 하고 그로 인해서 불만이 생겨난다."

끊임없이 갈구하는 욕망을 충족시키지 못했을 때 결핍감으로 괴로워합니다. 그러나 막상 충족되더라도 만족감과 행복감은 그리 오래 가지 않습니다. 다시 권태가 찾아오죠. 투자도 마찬가지입니다.

"투자도 욕망과 권태를 오가는 시계추다."

수익을 더 내고 싶어 공부도 열심히 하고, 나만 모르는 정보가 있을까 봐 찾으러 다니고, 매도 · 매수 버튼을 열심히 누르며 수익이라는 욕망을 채우려고 애썼습

니다. 하지만 막상 주식 시장은 여러 변수 때문에 상승과 하락 사이를 오갑니다. 마치 시계추처럼 말입니다.

손실이 있으면 수익도 있는 법입니다. 이리저리 오고 가더라도 그만두지 마세요. 시계추가 멈추면 시계도 멈춥니다. 우리의 인생이 멈추지 않듯이 투자도 멈추지 않아야 합니다.

DAY 15

조급함은
모든 것을 그르친다

투자는 스트레스의 연속입니다. 수익률이 높을 때는 지금이 고점이 아닌지 고민이고, 시장이 횡보할 때는 다른 투자로 갈아타야 하는지 고민이죠. 주가가 급속히 떨어지면 더 떨어질까 봐 걱정을 이어갑니다. 지속된 투자 스트레스 속에서 자신만의 방법으로 스트레스 관리를 하지 못하면 금방 지치고 포기하기 쉽습니다.

투자 스트레스의 형태로는 '나만 투자를 못 하나' 하는 자괴감, '나만 뒤처진 것 아닌가' 하는 소외감, '그때 했었어야 하는데' 하는 박탈감 등이 있습니다. 이제부터 투자 스트레스 관리법을 알려드릴게요.

과거와 교차하여 생각합니다.

'우리가 언제 코스피 3000 시대에 살아 봤는가.' 이렇게 생각하면 조금 가벼워지나요? 국내 주식 시장의 큰 고민은 언제 박스피를 뚫느냐였고, 대선 후보들마다 했던 말이 '재임 기간 중에 코스피 2500까지 가게 하겠다'였습니다. 그러니 지금 우리 산업 경쟁력이 얼마나 강해졌고, 개인 투자자들이 얼마나 우리 산업과 기업에 기대하고 있으며, 우리 기업에 투자하여 자산을 늘리기 위해 노력하고 있는지를 여실히 알 수 있습니다.

이렇듯 좋을 때는 나빴던 때를 떠올리고, 나쁠 때는 좋았던 때를 떠올리면 즐겁습니다.

긴 흐름의 그래프를 봅니다.

S&P 500 지수 그래프와 나스닥, 다우 그래프를 가능한 긴 기간으로 설정하여 보세요. 가파르게 상승하거나 하락하는 구간이 있지만, 전반적으로 하락 구간보다 상승 구간이 더 많았습니다. 코스피도 마찬가지입니다. 박스피에 갇혀 있기는 했지만, 최저점을 뚫고 내려갔던 급락기는 짧았죠. 우리는 연애를 시작할 때 '이 사람이랑 함께하면 오랫동안 행복할 수 있을까?' 고민합니다. 중간중간 오해도 있고 다투기도 하지만 그 사람과 함께여서 좋았던 때를 떠올리고 긴 호흡으로 바라보면 버틸 수 있는 게 인생입니다. 투자도 연애와 비슷합니다. 긴 호흡을 가지고 멀리 바라보세요.

투자 성과를 비교하지 마세요.

지나치게 성과에 얽매이지 않아야 합니다. 누구는 5,000만 원으로 8억 원을 벌었다더라, 1억 원을 투자해서 100억 원을 벌었다더라… 이는 흔한 일이 아닙니다. 그분들은 수학 올림피아드 세계대회에 나가서 1등을 한 것과 마찬가지입니다. 우리는 평범한 사람인데, 왜 비교해서 주눅이 드나요. 어쩌면 언론이 만들어 낸 수익률에 대한 허상이 여러 사람을 망치고 있는지도 모릅니다.

몸을 움직입니다.

집을 정리하거나 오래 묵었던 먼지들을 털어 냅니다. 쇼핑몰을 가거나 산책도 큰 도움이 되죠. 다만 무리해서 장기간 여행을 계획하거나 억지로 피트니스 센터를 등록하는 것은 그 또한 스트레스가 될 수 있으니 일단 조금씩 움직여 보세요. 독서, 음악 감상, 게임 등의 취미 활동도 스트레스 해소에 효과가 있으니 자신만의 투자 스트레스 해소법을 정해 두는 게 좋겠습니다.

2장.

체질 개선:
벌고, 아끼고, 불리는 습관

근본적으로 돈을 늘리는 방법에는 세 가지가 있습니다. 수입을 늘리고 지출을 줄이는 것뿐만 아니라, 투자를 통해 돈을 불리는 것이죠. 무작정 지출을 줄이기만 한다면 지루하고 따분할 수 있어요. 내 재능을 발휘하여 소득을 늘리고, 상식적인 재테크를 꾸준히 한다면 자산은 빠르게 늘어날 수 있답니다. 이번 장에서는 이 세 가지를 지속하기 위해 체질 개선을 해 보겠습니다. 12일 뒤의 변화된 모습을 기대할게요.

DAY 16

나를 알고,
나에게 맞는 체질을 만든다

여기 게임 초보자가 있습니다. 온몸으로 부딪혀 가며 게임에서 돈을 잃습니다. 왜 이런 일이 일어났을까요?

첫째, 게임의 룰조차 잘 모르는 게임을 해서

둘째, 게임의 막판에 뛰어들어서 판의 흐름을 모른 채 베팅해서

셋째, 모르니까 옆 사람이 알려주는 내용을 맹신하며 판돈을 키워나가서

일단 초보자라면 내 수준에 맞고, 내가 할 수 있는 게임을 골랐어야 합니다. 고수들의 영역에 멋도 모르고 끼어드는 것은 위험하죠. 그 후 게임의 룰을 알기 위해 판이 돌아가는 것을 여러 차례 지켜봐야 했습니다. 그리고 도장 깨나가듯이 실전을 통해 레벨을 깨나가야겠죠. 그랬다면 최소한 판돈을 잃고 게임판 주변을 배회하며 눈물짓는 일은 없었을 겁니다. 우리의 첫 재테크도 이와 별다를 바 없을 겁니다.

생각보다 단순한 재테크 룰을 알려드릴게요. 룰을 먼저 숙지하고, 재테크 체질부터 바꿔 보면 어떨까요?

쏠림 말고 끌림.

신문 기사에 많이 나오는 내용은 일부러 피합니다. 호재든 악재든 사람들이 몰려간 뒤에는 돈을 벌기 어렵습니다. 장기적으로 성장하는 기업, 사람들의 구매력을 끌어당기는 기업과 부동산에 관심을 가져 봅니다.

낮은 수익률을 꾸준히 낼 궁리를 합니다.

다른 사람의 높은 수익률은 개인을 투기판에 끌어들이기 위한 눈속임으로 이해하는 게 좋습니다. 돈 자랑하는 사람은 일단 피하세요. 나에게 돈 줄 것 아니면 자랑하지 말라고 이야기하는 것도 방법입니다.

남과 비교하지 않습니다.

자신이 버는 것보다 남이 얼마나 벌었는지를 지나치게 의식하지 않는 게 좋습니다. 직장과 모임에서 떠드는 이야기에 상대적 박탈감을 느끼면 게임 아웃입니다.

오늘 쉬면 내일 뛰어야 합니다.

어렵다고 재테크를 포기하는 분이 많습니다. 투자를 하든 안 하든 시장을 떠나지 말고 경제 흐름을 파악해야 합니다. 경제 흐름을 잘 파악하고 감을 잃지 않기 위해서는 꾸준히 하는 수밖에 없습니다.

이제 게임의 룰을 숙지한 후 내가 할 수 있는 재테크가 무엇인지부터 차근차근 알아볼까요?

DAY 17

자존감을 지키는
절약 습관

오르지 않는 건 내 월급뿐이니, 절약은 재테크의 기본입니다. 하지만 모든 상황을 무시한 무지출, 인간관계 단절을 부르는 식비 절약, 빽빽하게 기록한 가계부가 정말 우리를 여유롭게 만들어 줄까요?

아껴 쓰는 습관을 들이기 위해 극단적인 방법을 사용하는 것은 오래 가기 어렵습니다. 무조건 안 쓰기만 하면 무의식중에 나란 존재는 '싼 것만 쓰는 사람', '내 기분과 상황은 존중받을 가치가 없는 사람' 등으로 인식됩니다. 그러면 나중에 돈을 많이 모아도 이상한 강박에 자신을 옭아맬 수 있습니다. 부자가 되기 위해서는 '자존감을 지켜 내는 절약'이 필요합니다.

"없을수록 티 나게 쓰고, 많을수록 티 안 나게 쓰자."

어떤가요? 의외죠? 돈도 없는데 사치 부리라는 말 같고, 돈이 많아도 스크루지 영감처럼 쓰라는 말 같으니까요. 그래도 재밌지 않나요?

돈이 없다면 안 쓰는 게 가장 좋습니다. 하지만 어차피 써야 하는 순간이 있다면 티 나게 쓰는 배포가 필요합니다. 여행도 안 가고, 물건은 싼 것만 사고, 밥을 먹을 때도 저렴한 메뉴만 고르며 산다면 세상 보는 눈이 좁아집니다. 더 다양한 경험을 쌓을 기회를 스스로 뺏는 것이자, 다른 사람과 함께하는 추억도 포기하는 것이죠. 없을수록 쓸 때는 티 나게 써야 합니다. 그래야 나도 나를 대접했다고 여기고, 인간관계도 좋게 이어갈 수 있으니까요. 반대로 돈이 많으면 티 나게 쓰지 않는 게 좋습니다. 주변에서 질투하기 때문입니다. 그래서 부자들은 가진 것을 티 내지 않고 오히려 감추려고 합니다.

한 가지 더 생각해 보겠습니다. 아끼는 데에도 엄청난 에너지가 들어갑니다. 온갖 아끼기 챌린지를 해 봐야 몇만 원 못 아낍니다. 그럴 바에는 그 에너지를 아껴서 몸값을 올리기 위한 자기계발에 쓰거나 투자 수익률을 높이기 위해 신문 기사 하나라도 더 보는 게 낫습니다. 늘 강조하지만 시간과 에너지는 유한하기 때문에 잘 모아 집중해서 쓰는 습관을 길러야 합니다.

돈 몇 푼에 흔들릴 필요는 없습니다. 지금 없어도 언젠가 반드시 있을 때가 오니까요. 잘 아껴야 오래 갑니다. 자존감이 떨어질 정도로 아끼기만 해서는 더 큰돈을 벌 수 없어요. 내 마음을 먼저 다스려야 장기간 아끼는 것도 가능하답니다. 지속 가능한 절약법을 익히세요.

이제 무조건적인 절약이 무의미하다는 걸 알았으니, 오늘은 부끄러웠던 나의 소비 생활을 떠올려 보겠습니다. 쓸데없는 물건을 사고 나서 후회한 경험도 많을 거고, 안 사고 참았다가 나중에 한꺼번에 산 경험도 있을 거예요. 많이 사서 낭비했던 것도 문제이지만, 아끼고 잘살아보려고 한 행동이 의도하지 않게 실패했던 경험도 있을 겁니다. 예를 들면 이런 것들이죠.

[잘못된 소비 습관 예시]

- 영수증 항목까지 빽빽이 적은 가계부 → 1월만 쓰고 끝
- 인간관계 단절을 부르는 식비 절약 → 폭발적 외식
- 오늘 안 쓰고 내일 왕창 쓰는 → 폭발적 소비

- 남과 비교하는 성격 → 과시적 소비로 탕진
- 재테크도 못 하는데 짠테크에 집중 → 남들이 돈 버는 것을 보면 뒤늦게 포모(FOMO, 자신만 뒤처지고 제외되는 것 같은 불안감)에 편승

문제가 뭔지 파악하셨나요? 바로 '눌림목' 현상입니다. 눌림목이란 증권 용어로, 상승세를 타고 있는 종목이 수급 등의 요인으로 일시적인 하락세를 보이는 것을 의미합니다. 사람마다 다른 소비 성향과 환경을 가지고 있는데 인위적으로 눌러 놓은 상태인 것이죠. 이런 상태는 일시적으로 효과를 볼 수 있지만 지속하기는 어렵습니다. 지금까지 눌림목으로 억지로 참았다가 소비 폭발이 일어났던 경험을 되돌아보고, 내일부터 나에게 맞는 소비 습관을 찾아보도록 하겠습니다.

DAY 18

소비 성향
진단하기

안 쓰면 당연히 돈을 모으겠죠. 그래서 무지출 챌린지가 유행하기도 했습니다. 하지만 무조건 안 쓰기만 하는 게 올바른 절약법은 아닙니다. 참았던 소비는 끝내 폭발적 소비로 돌아오니까요. 개인별 소비 성향 분석을 통해 나를 알고 거기에 맞춰 절약법을 연구해 보면 어떨까요?

[소비 성향 진단표]

□ 무념무상

1단계) 돈에 대해 아무 관심이 없다.

2단계) 매달 카드 값이 월급을 거의 넘어선다.

3단계) 주식이나 펀드는 해 봤는데 포기했다.

4단계) 자산이 얼마인지 모른다.

□ 욜로형

1단계) 카페와 맛집을 찾아다닌다.

2단계) 트렌드에 민감하며 쇼핑을 즐긴다.

3단계) 늘 돈이 모자라지만 저축은 가능하다.

4단계) 주식이나 펀드, 연금 등을 매달 납입한다.

□ 돈 관리형

1단계) 소비를 줄이려고 노력 중이다.

2단계) 통장 쪼개기는 했다.

3단계) 재테크는 하다가 쉬다가 맘대로 한다.

4단계) 저축과 투자를 구분하여 매달 관리한다.

□ 품위 관리형

1단계) 내 취향에 항상 귀를 기울인다.

2단계) 절제를 통해 필요한 것에만 소비한다.

3단계) 돈마다 이름표를 붙이고 적재적소에 사용한다.

4단계) 기부를 생활화한다.

□ **짠돌이형**

1단계) 돈이 인생에서 제일 중요하다.

2단계) 무조건 안 쓰면 돈은 모인다고 생각한다.

3단계) 저축만 안전하고 재테크는 위험하다.

4단계) 세상의 모든 절약법에 관심이 높다.

※ 나는 어떤 소비 유형을 가진 사람인가요?

□ _____형 _____단계

가장 바람직한 소비 유형은 '품위 관리형'입니다. 취향에 맞게 소비하고 절약하고 베풀며 사는 사람이죠. 우리도 그럴 수 있습니다.

DAY 19

'무지출'보다
'필터링'

돈 모으는 공식은 간단합니다. '저축액=소득-지출' 이기 때문이죠. 하지만 연봉 협상은 쉽지 않고, N잡을 하기에는 실력과 시간이 부족합니다. 그러면 지출을 줄여야겠죠? 위에서도 언급했듯 한때 SNS를 중심으로 '무지출 챌린지'가 유행하기도 했습니다. 무지출 챌린지란 말 그대로 하루 종일 지출하지 않는 것에 도전한다는 뜻입니다. 극단적으로 지출을 줄이겠다는 의지겠지요. 투자해서 번 돈을 과시적으로 소비하는 '플렉스(Flex)' 유행이 지나가고, 안 쓰는 것을 자랑하는 트렌드가 나타났습니다.

하지만 무지출 챌린지에도 문제는 있습니다. 내 돈을 아끼겠다고 남한테 사달라고 조른다거나, 평일에 돈을 쓰지 않는 대신 주말에 몰아서 쓰는 것, 약값 등 꼭 필요한 소비도 하지 않아 건강을 잃는 경우 등이 그것입니다.

극단적인 무지출보다는 '필터링'이 어떨까요? 별 의심 없이 지갑을 여는 것들에 대해 본질적인 물음을 던지는 것이지요. 소비할 때 다음의 기준에 부합하는 항목이라면 지출하지 않아도 됩니다.

[지출하지 않아도 되는 항목]

• 타인의 눈을 의식한 지출

  - 남들 가니까 가는 해외여행

  - 경조사 때 왠지 필요할 것 같은 명품 가방

• 배보다 배꼽이 더 큰 지출

  - 놀이동산 연간 회원권

• 보상 심리에 의한 지출

  - 스트레스를 풀기 위한 지름신

• 타성에 젖어서 하는 지출

  - 퇴근길 생각 없이 들르는 편의점

  - 점심 먹고 습관처럼 마시는 커피

어떤가요? 내가 어떤 심리일 때 습관적으로 지출했는지 파악하셨나요? 그렇다면 이제 제대로 된 소비 습관을 만들 차례입니다.

DAY 20

필요와 욕망을
구분하라

이제 나의 소비 생활을 알았으니, 건강한 소비 규칙을 만들어 볼까요? 다음의 순서대로 '나만의 소비 습관 만들기' 과정을 따라 해보세요.

1. 한 달 동안 소비하던 그대로 생활합니다.

기록만 하세요. 항목은 줄일수록 좋습니다. 자세히 항목을 구분하려다가 스트레스를 받기 십상이니까요.

ex) 식비, 주거 · 생활, 교통 · 통신, 패션 · 미용, 도서 · 문화, 경조사 · 회비 등

2. 필요해서 산 것(Need)과 원해서 산 것(Want), 사랑하는 것(Love)과 좋아하는 것(Like)으로 구분합니다.

필요한 것과 사랑하는 것은 줄이기가 힘든데, 원하거나 좋아하는 것은 줄일 여지가 있습니다. 예를 들어 생필품인 치약은 꼭 사야 하고, 여자친구를 기쁘게 해줄 꽃다발에는 지갑을 열어도 괜찮죠. 반면 멀쩡한 테니스 라켓을 바꾼다거나 할부로 여행을 갔다면 이는 지출을 줄일 수 있는 여지가 있는 부분입니다.

3. 지출을 줄이고 싶은 항목을 하나만 선택합니다.

'배달 음식을 많이 시켜 먹었구나', '커피를 좀 줄여야겠다', '운동에 과하게 돈을 썼네'…. 그간 과도하게 어떤 항목에 심취해 살았던 것은 아닌지 파악합니다. 반드시 하나만 골라내세요. 다 줄이려고 하면 하나도 못 줄입니다.

4. 하나만 골랐으면 목표를 정합니다.

숫자로 표현하지 못하는 것은 관리할 수 없다죠? 이제 숫자로 목표를 정하고 관리해 볼까요? 숫자는 제곱수를 정하세요. 정사각형 종이에 칸을 그어야 하기 때문입니다. 엑셀로 관리해도 좋습니다.

ex) 2 : 2=4, 3 : 3=9, 4 : 4=16, 5 : 5=25, 6 : 6=36, 7 : 7=49, 8 : 8=64, 9 : 9=81, 10 : 10=100

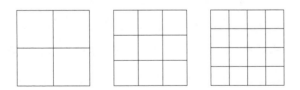

5. 지출할 때마다 칸에 색칠합니다.

정사각형의 한 칸을 1만 원으로 가정하겠습니다. 커피값을 한 달에 9만 원만 쓰고 싶다면 9개 칸을 그리고, 커피를 마실 때마다 칸을 채워 나갑니다. 전략을 세울 수도 있겠네요. '주말 빼고 20일 동안 매일 한 잔씩 마시려면 하루에 4,500원짜리를 마셔야 하니까 스타벅스 커피와 빽다방 커피를 번갈아 가며 마셔야겠다', '매일 30일 동안 빽다방에서 3천 원짜리 커피를 마셔야겠다' 또는 '집에서는 카누를 마시고 기분 내고 싶을 때 스타벅스에서 종종 5천 원짜리 커피를 마셔야겠다' 등 자신만의 전략을 재미있게 짜 볼 수 있을 거예요. 이런 방식을 사용하면 목표 대비 진도율을 한눈에 파악할 수 있고, 월말로 갈수록 자연스럽게 지출을 줄일 수도 있습니다.

중요한 것은 목표를 '눈에 보이게' 관리하는 것입니다. 목표를 최대한 상세하고 구체적으로 시각화한 후, 이 과정을 통해 목표 달성을 위해 필요한 자원을 발굴하고 노력하는 과정에 돌입하는 것이 핵심이죠.

'나'를 파악하여 '심플한' 규칙을 만들고 이를 통해 '꾸준히' 절약하는 것이 목표입니다. 나만의 소비 습관 만들기 과정을 통해 절약과 성취감 모두 잡으시길 바랄 게요.

DAY 21

지금까지 번 돈
정리해 보기

지금까지 살면서 얼마나 벌었는지 계산해 본 적 있나요? 통장에 남아 있는 저축액 말고 첫 월급, 주식 투자 수익, 중고 거래에서 번 돈, 경조사비를 모두 포함하면 얼마나 되나요? 기록은커녕 기억도 잘 나지 않을 겁니다.

통장 입금 내역이나 원천 징수 금액 등을 확인하여 지난 몇 년간 벌어온 돈을 모두 계산해 보세요. 그러면 막연히 돈을 적게 벌어서 모으지 못했다고 말하기 어려울 겁니다. 왜냐하면 여러분은 생각보다 많은 돈을 벌었을 테니까요.

지금 과거를 먼저 되돌아보는 이유는 세 가지입니다. 첫째, '내가 생각보다 많이 쓰며 살았구나' 둘째, '내가 얼마를 버는지 알았으니 앞으로 계획을 세울 수 있겠구나' 셋째, '나는 앞으로 얼마를 더 벌 수 있겠구나'를 알기 위해서입니다. 자, 이제 최근 몇 년간 번 금액을 한번 정리해서 적어 볼까요?

DAY 22

돈의 질서를 찾아주는
기록법

헨리에트 앤 클라우저의 저서 《종이 위의 기적, 쓰면 이루어진다》에 따르면, 자신이 원하는 것과 원하는 모습을 적고 상상하면 놀라운 결과가 나타난다고 합니다. 생각한 것, 감사한 것, 공부한 것, 돈 쓴 것… 뭐든 기록해야 하는 것이지요.

기록의 1차 목표는 잊지 않기 위해서입니다. 단기 기억에 머물 정보들을 장기 기억으로 넘기기 위해 내용을 요약해 기록하는 것이죠. 그리고 잘 적어둔 기록은 펼쳐 보는 것만으로도 마음 정리에 도움이 됩니다. 이것이 2차 목표예요. 시간은 쏜 화살같이 흘러가서 남아 있지 않지만, 내가 사용한 시간을 적어 둔 기록물이 있다면 그것을 휘리릭 넘겨 보는 것만으로도 위로받을 수 있습니다. 책장에 쭉 꽂혀 있는 가계부처럼요.

하루하루 돈에 관한 기록, 가계부

가계부를 쓰지 않는 이유는 관리할 돈이 없어서라고 말합니다. 혹은 예산을 세우자마자 스스로 설정한 한도를 지키지 못하면 실패자가 된 것 같은 기분이 들어서이기도 합니다. 지출 항목을 구분해 쓰는 게 부담스럽고, 그 많은 가계부의 칸을 채우는 게 부담인 분도 많습니다.

가계부를 끝까지 쓰지 못하는 것에 대해 너무 죄책감을 갖지 마세요. 비공식 통계이지만 가계부로 돈 관리를 제대로 하는 사람은 30%도 안 된다고 합니다. 나머지 70%의 사람들은 매해 새로운 가계부를 사면서 의지를 다지고 흐지부지하다가 다시 바짝 쓰기를 반복합니다. 괜찮습니다. 이것은 모두 '기록의 습작'이거든요. 습작도 반복되면 걸작이 되는 날이 옵니다.

최악은 습작조차 하지 않는 것입니다. 최소한의 기록도 하지 않은 채 "왜 나는 맨날 돈이 없지?"라고 생각하는 사람이 많습니다. 기록하지 않으니 까먹은 것이고, 관리를 안 하니 돈이 질서 없이 헤매다가 사라지는 것인데 말이에요.

관리되지 않는 돈은 이리저리 흩어집니다. 질서 있게 체계적으로 잘 정리해서 기록하는 것, 분기마다 업데

이트하면서 돈의 흐름을 관찰하는 것, 그중 하나라도 실행하면 삶이 조금씩 나아집니다. 복잡하게 생각하지 말고, 딱 세 가지만 기억하세요.

① 예산과 결산은 꼭 기록한다!
② 세세하게 쓰지 않더라도 들어오는 돈과 나가는 돈은 꼭 기록한다!
③ 전체 자산의 변화 과정은 꼭 기록한다!

소득과 지출을 기록하고 자산의 변동을 체크하는 것만큼 귀찮고 하기 싫은 일도 없습니다. 노력해도 잘 불어나지 않는 자산, 열심히 일해도 임금 상승률이 물가 상승률을 따라가지 못하는 현실, 기를 쓰고 아껴도 소득의 30%도 저축하지 못하는 나…. 이런 모습을 매일 확인한다는 건 피곤하고 바쁜 현대인의 삶에 맞지 않기 때문이죠.

하지만 매일 같이 포기해도 매일 같이 다시 할 수 있는 게 바로 기록의 힘입니다. 힘들 때 꺼내 보면서

'아! 내가 이렇게 열심히 살았구나' 하고 위로받고 다시 일어서기 위해서죠. 힘들고 포기하고 싶을 때 가계부를 넘겨 보면 다시 힘을 얻을 수 있답니다.

DAY 23

고정 소득의 중요성

누군가는 월급을 이렇게 정의합니다. '나의 시간과 노동력을 제공하고 받는 돈', '정신적 스트레스를 감내해서 받는 돈', '다른 일을 포기한 대가로 받는 기회비용'. 거기에 하나 더 추가하고 싶은 게 있습니다. 이 회사에 들어오기 위해 쏟은 모든 학비와 취업 준비 비용까지. 이렇게 생각하면 월급은 꽤 무거운 존재이지 않은가요?

소중한 월급이지만 SNS 맛집에서 인증샷도 찍고 싶고, 해외여행도 가고 싶고, 고생하신 부모님과 형제들을 위해 선물이나 용돈을 주고 싶은 마음도 있습니다. 걱정스러운 것은 이러한 지출이 습관적으로 반복된다는 것이죠. 나도 모르는 새 월급이 통장에 들어왔다가 사라지는 무한 루프의 세계에 빠지기 쉽습니다.

같은 부서의 누군가가 주식으로 돈 벌었다는 이야기를 들으면 마음이 온통 재테크로 쏠립니다. 직장 생활하며 모아둔 돈을 한꺼번에 투자하는 것은 위험하지만, 투자금이 클수록 큰 수익을 낼 수 있다는 생각에 마음이 급해집니다.

초반에는 투자한 주식이 조금 오릅니다. 초심자의 행운이 발동하죠. 그러면 지금까지 야근에, 직장상사 구박에, 출퇴근 지옥철에까지 시달리며 왜 푼돈을 벌었나 후회가 밀려옵니다. 그런데 얼마 지나지 않아 주가가 롤러코스터를 탄 듯 곤두박질치면 버티기 한 판에 들어갑니다. 절대 손실을 보고 팔 수는 없다고 생각하죠. 주가가 더 떨어지면 그제야 원금의 절반이나마 건져야겠다는 생각에 결국 손절을 하고 맙니다.

이렇게 투자에 실패하는 사례는 드물지 않습니다. 우리 주변 대부분은 이런 과정을 겪으면서 월급의 중요성을 깨닫게 되죠. 그나마 꾸준히 월급을 받는다면 떨어진 자산을 회복할 수도 있고, 경제 위기가 왔을 때 대범한 투자로 자산을 불릴 수도 있습니다. 이것이 월급을 간과하면 안 되는 이유랍니다.

DAY 24

소득의 사이클을 파악하라

직장인에게는 예측 가능한 수준의 급여가 들어옵니다. 물론 우리의 의지를 반영하기 어려운 급여인 데다 임금 상승률이 물가를 따라잡기엔 부족하지만요. 회사와 연차에 따라 다를 수 있으나 대부분의 직장인 소득은 다음과 같은 사이클로 매년 돌아갑니다.

[직장인 소득 사이클]

- 매월: 월급
- 반기별: 성과급, 명절 상여금
- 1년에 한 번: 연월차 수당 정산, 연말 정산 환급금
- 생애 한두 번: 우리 사주, 퇴직 위로금, 퇴직금

매월 들쭉날쭉한 소득을 어떻게 관리하면 좋을까요? 매월 들어오는 월급은 쪼개서 관리하고, 그 외 성과급과 수당 등은 모두 투자 통장에 넣으세요. "이 돈은 내가 쓸 돈이 아니다"라고 마음먹는 게 좋습니다.

그렇다면 자영업자나 프리랜서처럼 월급처럼 소득이 일정하지 않을 때는 어떻게 해야 할까요? 입금되는 모든 돈을 재테크 투자 통장으로 받고, 거기서 매월 월급 통장으로 일정 금액을 셀프 지급합니다.

이제 1년간 내가 번 돈을 정리해 보겠습니다.

[지난 1년간 내가 회사에서 받은 돈]

- 월급: _____원
- 성과급: _____원
- 명절 상여금: _____원
- 연월차 수당 정산: _____원
- 연말 정산 환급금: _____원
- 기타: _____원

DAY 25

돈 관리의 첫걸음,
통장 쪼개기

돈 관리의 첫걸음은 계좌를 분리하는 것입니다. 월급이 들어오는 보통 통장에 자동 이체, 신용카드, 체크카드, 증권 계좌가 모두 연결되어 있다면 복잡하고 눈에 잘 들어오지도 않습니다. 그래서 먼저 용도에 따라 계좌를 분리하는 것이 좋습니다.

우리는 생활비를 쓰고, 저축과 투자를 하며, 혹시 있을 일에 대비하여 예비비를 구분합니다. 통장도 그렇게 만드는 것이 좋아요.

① 월급 통장: 회사 연계 통장, 고정 지출, 자동 이체
② 생활비 통장: 소비 통장, 변동 지출, 체크카드
③ 예비비 통장: 파킹 통장, 예비 자금
④ 재테크 통장: 은행 계좌, 증권 계좌

흐름은 이렇습니다. 월급 통장으로 급여가 들어오면 고정 지출이 이체됩니다. 남은 금액은 생활비 통장, 예비비 통장, 재테크 통장으로 각각 이체하죠. 생활비 통장 금액은 소비에 쓰고, 예비비 통장은 예비 자금

으로, 재테크 통장은 예·적금 또는 주식·ETF·펀드· 채권·금 투자 등에 사용합니다. 생활비에서 남는 돈은 예비비 통장으로 옮기고, 예비비 통장 금액이 많아지면 재테크 통장으로 옮기면 좋습니다.

직장인처럼 월급이 규칙적으로 들어오지 않는 프리랜서나 자영업자는 수입을 재테크 통장으로 넣고 매월 일정 금액을 월급 통장으로 넣고, 셀프로 월급을 줍니다. 예비비 통장으로는 입출금이 자유롭고 하루만 넣어도 이자를 많이 주는 인터넷 뱅킹 통장을 활용하거나 MMF 또는 CMA를 사용하는 게 좋습니다.

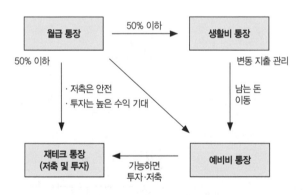

DAY 26

대출이
필요한 순간도 있다

빚지지 않고 사는 것 VS 빚지더라도 자산을 불리는 것.

어떤 삶을 선택하시겠어요? 감당할 수 있는 범위 안에서 받는 대출은 자산을 빠르게 불릴 수 있게 해 줍니다. 대출 원리금을 갚기 위해 더 열심히 일하고, 더 아껴 쓰며 살 수 있으니까 생활에 활력도 돋죠.

그런데 대출을 받을 때 알아야 할 것들이 있습니다.

첫째, 고정 금리와 변동 금리입니다. 고정 금리는 처음에 계약한 금리가 만기까지 변하지 않는 것이고, 변동 금리는 일정 주기마다 갚아야 할 금리가 대출 기준 금리에 따라 바뀌는 겁니다. 우리나라는 대부분 변동 금리를 선택하기 때문에 부동산이 경기에 더 민감하게 반응합니다.

둘째, 대출 상환 방식입니다. 일반적으로 대출을 갚는 방식은 '원금 균등 상환(원금만 나눠 갚고 이자는 나중에)', '원리금 균등 상환(원금과 이자를 동시에)', '만기 일시 상환(이자는 나눠 갚고 원금은 마지막에)'이 있습니다. 상환 방식에 따라 장단점이 있기 때문에 상황에 맞게 잘 선택해야 합니다.

살면서 주로 받게 되는 대출 종류는 다음과 같습니다. 제대로 알고 필요할 때 잘 활용해 보자고요.

주택 담보 대출

주택을 담보물로 하여 금융 기관에서 돈을 빌릴 수 있습니다. 비싼 담보라고 무한정 돈을 빌릴 수 있는 것은 아니고, 내 담보 가치와 연간 소득에 따라 빌릴 수 있는 대출금이 정해져 있습니다.

관련하여 LTV, DTI, DSR이라는 용어를 알아두고, 대출 가능 여부를 확인하세요. 단, 부동산 경기와 정부 정책에 따라 지역별, 주택 금액별로 규정이 바뀌기 때문에 주택 구매 시 다시 한번 확인해야 합니다.

- LTV(주택 담보 인정 비율): 시세 대비 몇 프로까지 주택 담보 대출을 받을 수 있는지 확인합니다.
- DTI(총부채 상환 비율): 주택 담보 대출 원리금과 다른 대출 이자 상환액 합이 연 소득 대비 얼마인지

확인합니다.

- DSR(총부채 원리금 상환 비율): DTI보다 강화된 기준으로, 모든 대출의 원리금 상환액이 연 소득 대비 얼마인지 확인합니다.

전세 자금 대출

전세 계약 시 받는 대출입니다. 금리가 상승할 때는 전세 자금 대출을 받아서 전세로 사는 것보다 올라간 전세금만큼을 월세로 전환하여 계약하는 것이 앞으로의 이자 부담을 줄이는 방법입니다.

신용 대출

담보가 없을 때 개인의 신용도에 따라 돈을 빌릴 수 있어요. 능력의 차이가 나타나겠죠.

자동차 대출

현금을 다 주고 자동차를 사는 경우도 있지만, 대부분 은행이나 캐피탈에 연계된 자동차 대출을 받습니다.

한 가지 잊지 마세요. 어떤 은행 예·적금 이자도 대출 이자보다 높지 않습니다. 그러니 적금을 만기에 찾아서 한꺼번에 대출금을 상환하겠다는 어리석은 생각은 하지 마세요. 대출은 돈이 생길 때마다 바로바로 갚는 것이 진리입니다.

DAY 27

어떤 순간에도
돈에 관심을 가져라

돈에 대해 무관심한 사람들이 많습니다. 아니, 무관심한 척하는 사람들이죠. 이들은 투자하고 싶어도 경제 교육 부족, 언론에 대한 신뢰 상실, 유튜브 가짜 뉴스 등을 이유로 투자하지 않습니다. 시시각각 투자하지 않을 명분은 늘 완벽합니다. 이런 분들의 말을 해석해 보겠습니다. 속사정은 이런 마음입니다.

"투자할 돈이 있어?"

먹고 마시고 놀러 다닐 돈은 있지만, 미래의 나에게 줄 돈이 없다는 게 아이러니하죠. 현재의 생활 수준을 유지하기 위해 노후의 품위 있는 삶을 포기하는 것과 같습니다.

"내가 사면 항상 고점이더라. 그래서 그냥 안 사려고 해."

주가는 변동성을 가지고 있다는 것을 제대로 알고 있는 사람입니다. 그런데 타이밍을 맞출 수 없으니 안 한다? 해결책을 찾아야죠. 그냥 매달 자동으로 적립하면 반은 맞고 반은 틀리지 않겠습니까.

"금융 투자는 수수료가 너무 많아. 펀드 매니저들은 돈도 못 벌어다 주면서 수수료는 꼬박꼬박 챙겨가잖아."

광고하는 건 대부분 수수료가 높은 금융 상품들입니다. 찾아보면 수수료 거품 없이도 합리적으로 장기 투자할 수 있는 금융 상품도 있습니다. "구더기 무서워서 장 못 담근다"라는 말과 일맥상통하네요. 이 역시 핑계입니다.

"투자를 하면 돈을 잃을 것 같아."

가장 '확실'한 진실은 투자를 하지 않으면 돈을 잃는다는 사실입니다. 10년 전 짜장면 값 5,000원이었는데 지금은 9,000원이잖아요. 아무것도 하지 않아도 돈은 삭제되고 있습니다. 투자하다가 '혹시' 돈을 잃을까 봐 불안해한다는 것이 아이러니하죠.

"난 투자는 안 하지만 매일 커피값을 줄여 저금하고

있어."

아끼는 데는 한계가 있습니다. 소득 이상으로 아낄 수는 없으니까요. 하지만 투자에는 한계가 없습니다. 내가 가지고 있는 자금의 몇 배를 벌 수도 있죠. 같은 에너지라도 좀 더 발전적인 데 쓰면 좋습니다.

"종목 분석하고 매매 타이밍 찾기 너무 어려워."

뭐든 정보를 찾기란 어렵습니다. 그런데 이런 분일수록 인터넷 쇼핑으로 물건값 비교하거나 호텔 최저가 예약은 잘하시더라고요. 어른으로서 배워야 할 것은 '물건을 싸게 하는 방법'이 아니라 '물건 살 돈을 불리는 것'입니다. 돈이 많으면 가격에 구애받지 않고 살 수 있다는 사실!

위의 말을 해석하며 몇 번이나 공감하셨나요? 이제 변명은 그만해야 할 때입니다. 그럼 실전 재테크로 넘어가 볼까요?

3장.

기본 개념 익히기:
잃지 않고 모으는 법 배우기

재테크는 단순히 돈을 모으는 것이 아니라, 자신의 목적과 상황에 맞는 투자를 통해 자산을 불리는 과정입니다. 따라서 재테크를 시작하기에 앞서 재테크의 기본 개념과 원리를 이해하는 것이 중요합니다. 예를 들어, 마라톤을 완주하기 위해 체력, 컨디션, 장비 등 준비하는 과정 같은 거죠. 살아가며 재테크도 긴 시작 뛰어야 하는 마라톤과 같으니까요. 지금부터 투자를 위한 기본 개념을 익혀볼게요.

DAY 28

단계별
재테크 전략 세우기

본격적인 재테크를 시작하기 전에, 먼저 큰 그림을 그려야 하겠죠. 다음과 같이 단계별 전략이 필요합니다.

[1단계] '나'를 정의하는 것부터가 시작입니다.

'나는 전문 투자자인가' 아니면 '직업은 따로 있고 예금보다 빠르게 자산을 불리고 싶은 일반인인가'를 먼저 파악해야 합니다. 이 둘의 차이는 목표 수익률입니다.

전문 투자자라면 연간 10~20% 정도의 수익률을 내야 합니다. 왜냐하면 단기 수익률에 따라 평가받는 직업적 특성 때문에 공격적인 투자를 주로 하기 때문입니다. 반면 일반인이라면 연 4~8% 정도의 수익률을 목표로 하면 좋습니다.

너무 낮은 것 아니냐고요? 참고로 세계적인 투자자인 워런 버핏이나 조지 소로스도 연평균 수익률이 24~28% 대입니다. 그들은 더 많은 정보를 가지고, 최첨단 금융 공학으로 시장의 상승과 하락에 베팅하는 고난도의 투자법을 활용하는데 말이죠. 평범한 사람들이 연 4~8% 수익률만 내도 대단하다는 이유가 이해되나요?

[2단계] 적립식으로 '저축'과 '투자'를 합니다.

보수적으로 은행 이자보다 수익률이 높으면 만족합니다. 그래야 조급해하지 않고 안정적으로 지속 가능한 재테크를 할 수 있으니까요.

저축과 투자를 적립식으로 하자는 말은 누구나 아는 이야기입니다. 마치 "교과서만 보고 수업 시간에 열심히 선생님 말씀 들으며 공부해서 서울대 갔어요"라고 말하는 것과 다를 바 없죠. 이 둘의 공통점은 딱 하나예요. 바로 '꾸준함'입니다.

저축은 꾸준히 매년 복리로 굴립니다. 먼저 최고 금리를 제시하는 은행을 찾아서 1년 단위로 맡깁니다. 만기일이 되면 원금과 이자를 모두 합쳐 재예치하고요. 이렇게 몇 년을 반복하다 보면 복리 효과로 원금과 이자가 가파르게 상승함을 알 수 있습니다.

주식이나 펀드 등 투자 상품은 한 번에 투자하지 말고 적립식으로 꾸준히 투자합니다. 코스트 애버리지(Cost Average)라는 말이 있죠. 주가가 오르든 내리든 일정하게 투자하면 평균 이하 점에서 매입 가능하다는 의미입니다.

이렇게 종잣돈을 모아 봅니다. 여기서 가장 중요한 것은 '투자금의 크기'와 '기간' 그리고 '수익률'입니다. 얼마나 빨리 가능한 많은 돈으로 오래 굴리느냐가 자산을 불리는 비법이라 할 수 있습니다.

[3단계] 종잣돈을 모으면 부동산에 투자합니다.

종잣돈을 모았다면 전세를 끼고 아파트를 사거나, 아파트 청약을 시도하는 것도 좋습니다. 생애 주기에 따른 부동산 투자 흐름은 크게 다음과 같습니다.

초소형 신혼집 매수 → 자녀 학령기 아파트 갈아타기 → 노후 거주용 아파트 또는 증여용 소형(재개발, 재건축) 아파트 매수 → 현금 흐름을 만들기 위해 상가나 오피스텔, 원룸과 투룸 등 임대용 부동산 매수가 그것입니다.

[4단계] 매월 자동으로 소득이 나오는 시스템을 완성합니다.

부동산을 통해 꾸준히 월세를 받을 수 있는 '임대

소득', 주식에서 받는 '배당 소득', 예금에서 받는 '이자 소득' 등을 부지런히 만들어 둬야 합니다. 자산 규모가 일정 수준 이상 돼야 가능하기 때문에 장기 전략으로 준비해야 합니다. 얼마나 오래 회사에서 버티느냐가 아닌 얼마나 빨리 은퇴하느냐는 바로 이 시스템의 완성 여부에 달린 거죠.

이처럼 재테크에 대한 큰 그림을 머릿속에 넣고 사는 사람과 아닌 사람은, 같은 하루를 살아도 나중에 큰 차이를 만들 수밖에 없습니다. 눈앞에 단계별 목표를 그렸다면 이제 게임 레벨을 깨나가듯 하나씩 깨트려 볼까요?

DAY 29

쓸 돈이 아니라
저축할 돈부터 정하라

돈을 좀 모아야겠다 생각하면 가장 먼저 떠오르는 게 예금과 적금입니다. 어린 시절, 돼지 저금통이 꽉 차면 은행에 가서 통장을 만든 경험이 있을 거예요. 그만큼 은행에서 취급하는 예·적금은 우리에게 가장 친숙한 금융 상품입니다.

적금은 목돈을 만들기 위해 일정한 금액을 계속 쌓아 만기에 원금과 이자를 받는 것이고, 예금은 목돈을 굴리기 위해 일정 기간 은행에 넣어뒀다가 만기에 원금과 이자를 돌려받는 것입니다.

다만 확정적으로 정해진 날짜에 원금과 이자를 받을 수 있다는 조건 때문에 다른 금융 상품에 비해 수익률이 낮습니다. 그래도 원금만큼은 지키고 싶다면 예·적금은 필수입니다.

이자를 더 많이 받으려면

가장 먼저 해야 할 일은 금리 비교입니다. 최고 금리를 비교할 수 있는 사이트는 많습니다. 대표적으로 은행연합회 소비자 포털(portal.kfb.or.kr)에서 확인할 수 있죠. 일반적으로 제2금융권이 제1금융권보다 금리가 높기는 하지만 안전성과 편의성 면에서 시중 은행을 더 선호하기도 합니다.

그 외에도 고금리 예·적금에 가입하기 위해서는 발품을 팔아야 합니다. 한시적으로 금액 한도를 정해놓고 가입자를 유치하는 경우가 많아서죠. 특히 새마을금고는 지역마다 이벤트가 다르기 때문에 동네를 지날 때 유심히 플래카드를 확인하는 것도 좋습니다. 오픈런 못지않은 예·적금 대기 행렬이 새마을금고 앞에서 연출되기도 하거든요. 이런 특판 상품은 금액 한도가 있기 때문에 대부분 선착순 마감합니다. 그래서 꾸준히 관심을 가지고 살펴봐야 합니다.

세금을 덜 내는 방법

저축은 만기 시점에 받을 수 있는 수익(원금+이자)을 미리 알 수 있다는 점에서 안정적인 금융 상품입니다.

하지만 이자를 전부 받을 수 있는 것은 아닙니다. 이자도 소득이기 때문에 세금을 내야 하기 때문이죠. 일반적으로 예·적금 이자 과세에는 일반 과세(14%)와 지방 소득세(1.4%)를 더한 15.4%의 세금을 부과합니다. 즉, 원금은 그대로 받지만 이자에서 세금을 떼고 입금해 준다는 의미입니다. 세금 우대나 비과세 혜택을 받을 수 있다면 최대한 활용하는 게 좋겠죠. 이에 대해 간단히 소개해 보겠습니다.

세금 우대 저축

새마을금고, 신협, 농협, 수협, 산림조합 등 상호 금융의 조합원 지위를 가지면 전 상호 금융 합산 1인당 3,000만 원 내의 저축에서 발생하는 이자 소득세에 대해 이자 소득세를 면제해 줍니다. 만 19세 이상이면 해당 금융 기관에 출자금(1~10만 원)을 내면 조합원이 될 수 있고, 예·적금에 가입할 수 있습니다. 원래는 2022년 12월 31일로 혜택이 종료될 예정이었으나, 조세특례제한법 일부 개정으로 2025년까지 연장되었습니다.

이제 예·적금 이자 세금은 15.4%보다 낮은 1.4% 만 적용받을 수 있습니다. 1인당 한도가 3,000만 원이기 때문에 최대한 채워 넣는 게 중요하겠죠. 한도 3,000만 원에 연 3%의 예금이라면 만기 시 이자가 90만 원인데, 일반 통장이라면 세금을 13만 8,600원 내야 하지만 세금 우대를 받으면 1만 2,600원만 내면 되니 12만 6,000원 이익입니다.

비과세 종합 저축

말 그대로 이자 소득에 대해 세금을 떼지 않는 상품입니다. 그러기 때문에 누구에게나 혜택을 주지 않고, 대상자와 금액 한도 등 조건이 까다롭습니다. 가입 대상자는 만 65세 이상 거주자, 장애인복지법에 의한 장애인, 국가유공자 등 예우 및 지원에 관한 법률에 의한 상이자, 국민기초생활보장법에 의한 수급자, 독립유공자와 그 유족 또는 가족, 고엽제 후유의증 환자, 5·18 민주화운동 부상자 중에 해당돼야 하고, 전 금융 기관 통합 1인당 저축 원금 5,000만 원 이내만 가능합니다.

DAY 30

예·적금에도
전략이 있다

Back to the Basic.

누가 저축이 쉽다 그랬던가요? 저축도 잘하기로 마음먹는다면 누구보다 잘할 수 있습니다. 예·적금을 좀더 효율적으로 하는 방법을 알려드릴게요.

정기 적금 선납 이연

선납 이연이란 적금 일부를 납부 회차보다 먼저 내고(선납), 나머지 일부를 납부 회차보다 늦게 넣는(이연) 방식입니다. 보통 정기 적금은 정해진 날짜에 일정 금액을 납입하지만, 선납 이연을 잘 활용하면 중간에 자금을 다른 용도로 활용할 수 있습니다.

예를 들어, 매월 10만 원씩 12개월 입금하는 것과 60만 원을 첫 번째 달에 넣고 마지막 달에 나머지 60만 원을 넣어도 괜찮다는 거죠. 이는 6-6 방식이고, 중간에 10만 원을 넣고 마지막에 50만 원을 넣는 6-1-5 방식을 활용하면 좋습니다(다음 페이지의 표에서 회색 칸 총 78개만 차면 됩니다). 단, 선납 이연이 불가능한 상품도 있으니 확인 후 가입해야 합니다.

예치 금액	1개월차	2개월차	3개월차	4개월차	5개월차	6개월차	7개월차	8개월차	9개월차	10개월차	11개월차	12개월차	예치 기간
10만 원	1	2	3	4	5	6	7	8	9	10	11	12	12개월
10만 원													11개월
10만 원													10개월
10만 원													9개월
10만 원													8개월
10만 원													7개월
10만 원													6개월
10만 원													5개월
10만 원													4개월
10만 원													3개월
10만 원													2개월
10만 원													1개월
합계													78개월

예치 금액	1개월차	2개월차	3개월차	4개월차	5개월차	6개월차	7개월차	8개월차	9개월차	10개월차	11개월차	12개월차	예치 기간
10만 원	6	6	6	6	6	6	6	6	6	6	6	12	12개월
10만 원													11개월
10만 원													10개월
10만 원													9개월
10만 원													8개월
10만 원													7개월
10만 원													6개월
10만 원													5개월
10만 원													4개월
10만 원													3개월
10만 원													2개월
10만 원													1개월
합계													78개월

예치 금액	1개월차	2개월차	3개월차	4개월차	5개월차	6개월차	7개월차	8개월차	9개월차	10개월차	11개월차	12개월차	예치 기간
10만 원	6	6	6	6	6	6	7	6	6	6	6	11	12개월
10만 원													11개월
10만 원													10개월
10만 원													9개월
10만 원													8개월
10만 원													7개월
10만 원													6개월
10만 원													5개월
10만 원													4개월
10만 원													3개월
10만 원													2개월
10만 원													1개월
합계													78개월

일반 방식(위), 6-6 방식(가운데), 6-1-5 방식(아래)

자유 적금을 예금으로 활용

적금은 금리가 높은 대신 월 불입 한계 금액이 있습니다. 적게는 10만 원부터 많게는 100만 원까지 정해져 있죠. 만약 내가 100만 원만 예금할 생각이었다면 이율이 더 높은 적금 통장에 넣는 게 좋겠죠.

매일 이자 받는 파킹 통장

수시 입출금이 가능한 보통 예금도 좋습니다. 최대 연 2% 금리 기준, 1억 원을 통장에 뒀을 때 연 200만 원의 이자를 받을 수 있습니다. 일반 예금보다 금리는 낮지만, 중도 해지 개념이 없기 때문에 유동성 있게 자금을 활용할 때 이용하면 좋습니다.

금리 인상기에는 만기를 짧게

기준 금리를 정하는 곳은 한국은행입니다. 기준 금리는 시장 금리에 영향을 주기 때문에 한국은행이 기준 금리를 올리면 예·적금 금리도 올라갑니다. 금리가 오르는 시기에는 만기가 짧은 예·적금에 가입하는 게 좋습니다. 보통 3개월, 6개월 단위로 예금에 예치한 후 더 높은 금리가 나오면 갈아타는 전략을 사용하면 수익 면에서 훨씬 유리하죠.

좀 더 현명하게 저축하는 방법에 대해 알아봤습니다. 예금은 원금이 보장되고 안정된 자산이지만, 예금만으로는 부자로 가는 길은 너무 느립니다. 안정적인 예금 비중은 슬기롭게 확보하고, 투자를 통해 좀 더 높은 수익률을 올릴 수 있도록 노력해야 한답니다.

DAY 31

주식이란
무엇인가

주식은 기업이 자본금을 마련하기 위해 발행하는 증서입니다. 이 주식을 보유한 주주는 자신이 보유한 주식 비중만큼 회사 지분을 가지게 되는 거죠. 그리고 지분만큼의 책임과 권리, 배당금을 가질 수 있습니다. 주식은 기업 가치에 따라 가격이 변하며, 주주는 언제든지 이를 사고팔 수 있습니다.

주식과 관련된 기초 용어부터 알아볼까요?

- 주식: 주식회사가 자본금을 마련할 때 투자했음을 나타내는 증서
- 주주: 주식을 가지고 있는 사람이나 기관
- 주주총회: 회사 경영에 대해 주주들에게 보고하고 중요한 의사결정을 받기 위한 회의

기업이 공장을 짓고, 채용하고, 연구 개발하여 제품을 생산하고, 마케팅하는 모든 과정에서 필요한 것은 돈입니다. 이 과정에 투자한 사람에게 이익을 나누는 것은 당연한 이치죠.

만약 기업 신용도가 좋을 때는 대출이나 채권으로 자금을 충당합니다. 그래서 잘나가는 기업일수록 주식 수를 늘리는 증자보다 채권 발행을 통해 자금을 모읍니다. 기존 주주들은 가지고 있던 주식의 가치가 희석되기 때문에 주식 수가 늘어나는 것을 좋아하지 않기 때문입니다. 더 나아가 기업이 자사주를 매입해 소각하면 유통되는 주식 수가 줄어 기존 주식의 가치가 올라갑니다. 당연히 주주들이 환영하겠죠.

그렇다면 사람들은 왜 주식에 투자할까요? 주식으로 벌 수 있는 수익은 크게 두 가지입니다. 기업 활동을 통해 발생한 수익의 일부를 지분에 따라 나눠주는 배당금과 주식 가치 상승에 따른 시세 차익입니다. 조금 더 확장해 생각한다면 경영권 확보까지 볼 수 있습니다. 물론 우리는 대주주가 아니기 때문에 드라마에서나 볼 법한 경영권 싸움을 위해 지분을 확보할 필요는 없겠죠.

투자는 저축과 달리 원금 손실 가능성이 있습니다. 주식도 마찬가지입니다. 그럼에도 불구하고 저축보다 수익률이 더 좋을 수 있다는 기대감에 주식 투자를 합니다.

그렇다면 주식의 가격, 즉 주가는 어떻게 움직일까요? 주가는 기업 가치와 영업 전망에 따라 수시로 변합니다. 지금 주가가 싼지 비싼지 확인할 수 있는 몇 가지 지표를 알려드릴게요.

기업 실적

기업은 분기별, 연간 실적을 발표합니다. 어닝 서프라이즈란 예상보다 실적이 높게 나왔을 때, 어닝 쇼크란 반대의 경우를 말합니다. 이런 발표에 따라 주가는 급등하거나 급락합니다. 장기적으로 봤을 때는 실적이 좋아지는 기업이 투자에 유리합니다.

기업의 비즈니스 모델

기업이 어떤 사업을 중점적으로 추진하여 돈을 벌고 있는지, 미래 먹거리로는 어떤 사업을 키우고 있는지, 그 사업들은 해당 분야 업계 2위 내에 포함되어 있는지, 경쟁자들은 얼마나 많은지, 정부 지원 산업군에는

속해 있는지 등을 간단하게 체크리스트를 작성하여 확인합니다.

거시 경제

글로벌 경제가 어떤 상황인지 파악하는 것도 중요합니다. 기업 CEO와 임직원들이 아무리 경영을 잘해도 세계 경기가 침체에 빠지면 방법이 없습니다. 경기는 크고 작은 사이클을 타기 때문에 거시적 경제 환경도 꾸준히 알아야 합니다. 그러기 위해 경제 기사를 꾸준히 보는 것이 좋답니다.

DAY 32

주식 투자의
진짜 목적

투자의 목적은 당연히 돈을 불리는 것입니다. 하지만 방향 설정이 제대로 되어 있지 않다면 배가 산으로 가겠죠. 힘들고 어렵게 투자하는데 이왕이면 바른 방향으로 가야 합니다. 그래야 목적지까지 닿을 수 있으니까요.

투자의 바른 방향은 '배당'을 늘리고, 장기 투자해서 '증여'하는 것입니다. 방법은 다음의 3단계로 정리할 수 있습니다.

[1단계] 적은 투자금으로 너무 애쓰지 말기

투자로 '커피 값'을 버는 것은 의미가 없습니다. 적은 돈으로 빨리 돈을 불리고 싶은 사람들은 온갖 정보에 귀를 기울이고 매매를 반복하면서 시간, 비용, 에너지를 낭비합니다. 주로 방송과 언론이 이를 부추기죠. 주식 방송에 전문가들이 나와서 친절하게 하루에 30개도 넘는 종목을 추천하니까요. 그러나 기대만큼 수익을 내기란 쉽지 않습니다. 그러다가 주가라도 떨어지면 정신적으로 버티기 어려워 손실을 입고 주식 시장을 빠져나오기를 반복합니다. 그 사이 증권사는 수수료로 돈을 벌고요. 반면 부자들은 비교적 벌크(큰 투자금)로 투자하기 때문에 안정성을 고려한 분산 투자에 집중합니다. 당장 눈앞의 수익보다는 장기적으로 평균 이상의 수익을 내면 되기 때문에 느긋할 수 있겠죠. 이들을 따라 하면 잦은 매매로 인한 실수를 방지할 수 있습니다.

[2단계] 투자금 규모 키우기

전문직이나 고연봉의 직장을 다녀 근로소득이 높거나 사업이 잘 풀린다면 자금을 더 빨리 모을 수 있겠죠. 그렇지 못하다면 지출을 조금 더 줄이고, 검소하게 살면서 투자금을 쌓아야 합니다. 언론에 등장하는 '코인 대박'이나 '주식 단타'로 벌크를 만드는 경우는 극히 드물어요. 그러니 특수한 경우만 보면서 상대적으로 박탈감을 느끼고 살 필요는 없답니다.

[3단계] 주식 수 늘려 배당금 확대하기

초보자들의 주식 포트폴리오는 복잡합니다. 또 단타(단기 투자)도 잦고요. 분명히 잠을 줄어가며 공부하고 부지런히 투자했는데 성과는 늘 실패입니다.

그러다 보니 매번 단기 수익에만 급급합니다. 내가 옳았는지 틀렸는지를 눈앞에서 바로 확인하고 싶기 때문입니다. 그렇게 매일 주가 차트를 보면서 살기엔 인생이 너무 짧잖아요. 주가 등락에 연연하지 않고 수익을 올리는 방법을 알려드릴게요.

① 매월 소득이 있으면 투자금을 지속해서 확보할 수 있으니 하락장에서 효율적으로 저가에 매수할 수 있습니다.
② 주가가 떨어지면 배당 수익률이 높아집니다. 이럴 때 주식을 더 모아야겠지요.

매일 오르고 내리는 주가에 일희일비하지 말고, 주식 개수를 늘려서 배당금을 늘리는 전략을 구사하면 좋습니다.

DAY 33

주식을 싸게
살 수 있는 신호

주가를 맞추는 것은 신의 영역입니다. 하지만 방향을 찾는 것은 어느 정도 가능해요. 그럼 언제 주식을 매수해야 할까요? 통상적으로 주식을 매수하기 좋은 시점을 정리해 보겠습니다.

유동성이 풍부할 때

저금리일 때 또는 정부가 돈을 풀 때입니다. 코로나19로 인해 경기 침체가 우려되자 정부는 각종 지원금을 풀었습니다. 힘든 사람들은 그 돈을 썼지만, 견딜 만한 사람들은 저축이나 투자를 했죠. 그래서 2020~2021년 자산 시장은 호황기를 이뤘습니다.

주식 투자한다는 걸 숨기고 싶을 때

주가가 폭락하고 손해 본 사람들이 늘면 시장은 공포에 휩싸입니다. 그때 일부 사람들은 기업을 분석하고, 저평가 주식을 사들이죠. 그리고 이를 드러내지 않습니다. 아무도 주식에 대해 이야기하지 않을 때 굳이 나서서 이야기할 필요가 없으니까요.

기업이 투자를 늘릴 때

향후 아무런 계획 없이 기업이 설비 투자를 늘리지는 않겠죠. 실적이 늘어날 가능성이 높다면 기업은 현금 흐름을 바탕으로 투자를 늘립니다. 불황에 사업 규모를 축소하는 기업보다 인수 합병(M&A)을 통해 저렴하게 사업을 확장하고, 구조 조정을 하지 않는 기업을 찾아야 합니다.

회복 가능한 악재로 주가가 하락했을 때

악재라는 이유만으로 생각 없이 주식을 던지는 사람들이 있습니다. 그럴 때는 기업 가치보다 훨씬 더 주가가 떨어지죠. 단기 반등이 나올 수도 있고, 장기적인 시각에서 나쁘지 않은 가격이라 생각하면 투자합니다.

너만 알고 있으라는 정보를 받았을 때

정말 신뢰할 만한 정보여야 합니다. 믿을 만한 사람에게서 나온 알짜 정보라면 사야죠. "내가 어디서 들은 얘긴데…"로 시작하는 정보라면 무시하는 게 낫습니다.

자신의 견해가 100% 맞다고 자신하지 말고, 다른 이의 조언이나 시장의 정보에 귀 기울여 보세요. 원칙을 가지고 투자 판단을 해야 하지만, 시장 상황을 기반으로 전략을 수정해야 할 때가 있기 때문에 유연한 생각을 갖는 게 중요합니다.

DAY 34

기본만 알아도
잃지 않는다

시험공부를 할 때는 ① 교과서를 읽고 ② 개념을 정립한 후 ③ 평가 문제집을 풀고 ④ 기출 문제를 풀어봅니다.

조금 더 열심히 공부하는 친구들은 오답 노트를 만들고요. 시간 관리를 잘하는 친구들이라면 최다 빈출 문제와 최다 오답 문제까지 풀 거예요.

와~ 이렇게까지 공부하는 사람이 있을까요? 물론 있습니다. 남들보다 높은 성적을 내기 위해서는 시간을 쪼개서라도 노력해야 하니까요. 누구에게나 24시간이라는 똑같은 시간이 주어집니다. 이 한정된 시간 자원을 어떻게 잘 관리하고 쓰느냐에 따라 인생이 달라집니다.

주식 투자도 열심히 공부해 보면 어떨까요? 먼저 남들이 했던 실수를 바탕으로 오답 노트를 작성해 봤습니다. 같은 실수를 반복하지 않기 위해 다음의 오답 노트를 직접 풀어보겠습니다.

주식 투자 오답 노트

[문제1] 레버리지와 곱버스는 장기 투자를 선호하는 사람들에게 적합하다 (O / X)

[문제2] 배당주는 저위험 고수익 투자다 (O / X)

[문제3] 미국 주식 투자는 고수들의 영역이다 (O / X)

[문제4] 주식 시장이 하락하면 투자 세상을 떠나는 게 좋다 (O / X)

[문제5] 투자금이 적을수록 리스크 높은 쪽에 올인해서 수익률을 극대화한다 (O / X)

[문제6] 비밀스러운 정보가 큰 수익을 준다 (O / X)

[문제7] 떨어질 때 사면 무조건 수익을 본다 (O / X)

[문제8] 여러 종목을 사는 것이 분산 투자다 (O / X)

[문제9] 주식은 파는 게 아니다 (O / X)

[문제10] 전문가가 추천해 주는 종목은 반드시 수익을 보장한다 (O / X)

너무 쉽죠? 정답은 모두 'X'였습니다. 하나씩 정답을 자세히 살펴볼까요?

[정답1] 레버리지와 곱버스는 '1일 수익률'을 추구하기 때문에 단기 투자에 적합합니다. 매일 주식 창을 들여다보며 대응할 수 없는 분들께는 추천하지 않는 투자법입니다.

[정답2] 배당주 투자는 주식 중에서 저위험 투자이기는 하나 안정적인 산업군이기 때문에 고수익을 기대하기는 어렵습니다.

[정답3] 미국 시가 총액이 세계 주식 시장의 절반이 넘습니다. 초보자일수록 미국 주식을 시작해야 합니다.

[정답4] 투자 시장을 떠나면 다시 돌아왔을 때 포모에 편승할 수 있어 위험합니다.

[정답5] 투자금이 많을 때는 리스크 높은 투자를 일부 할 수 있습니다. 그러나 투자금이 적을 때 위험 투

자를 하면 모두 잃을 수 있어 권하지 않습니다.

[정답6] 남들이 모르는 정보를 찾다가 작전에 휘말릴 수 있습니다.

[정답7] 떨어질 때 사서 무조건 수익을 본다면 얼마나 좋을까요.

[정답8] 은행주를 신한, KB, 하나… 이렇게 나눠 사는 건 분산 투자가 아니랍니다. 상관 관계가 낮은 여러 자산군에 분산하는 것이 분산 투자입니다.

[정답9] 주식은 장뇌삼이 아니기 때문에 묻어 둔다고 다 수익이 나는 게 아니랍니다. 상장 폐지되어 사라질 수 있어요.

[정답10] 전문가가 추천해 주는 종목이 수익을 보장한다면 왜 그들이 계속 방송에 나오겠어요. 투자에 집중하겠지요.

위의 오답 노트를 다시 정리하면 주식 투자 십계명

이 됩니다. 자, 이제 노트를 펴고 주식 투자 십계명을 직접 작성해 보세요.

DAY 35

단순하게 볼수록
명확하게 투자한다

주식 투자를 하려면 정보가 필요하지만, 유튜브나 SNS에서 얻는 정보만으로는 뭔가 부족합니다. 그렇다고 증권사 리포트를 찾아 읽고, 공시 자료를 일일이 확인하고, 재무제표까지 분석하면 투자를 잘할 수 있을까요? 도움은 될 수 있겠지만 절대적으로 필요한 행위는 아닙니다. 오히려 기업을 단순하게 볼수록 결정이 명확해집니다. 5분 안에 기업 분석하는 법을 알려드릴게요.

기업의 비즈니스 모델을 확인합니다.

기업이 어떤 방향으로 가고 있는지, 과거에는 어떻게 사업하고 매출을 냈고, 또 지금은 시대적 변화에 맞춰 어떤 노력을 하는지 파악할 수 있겠죠. 그러나 기업 입장에서 조금 과장하는 부분이 있을 수 있으니 100% 믿지는 말아야겠습니다.

매출과 영업 이익을 확인합니다.

매출액과 영업 이익의 3년 추이를 확인합니다. 경기 사이클을 감안해야겠지만, 대략적으로 성장하고 있는지 확인하기 위함입니다. 조금 더 궁금한 내용이 있다면 다음의 재무제표의 다섯 가지 항목을 간단히 훑어보는 것도 좋겠죠?

① 재무 상태표: 특정 시점 기업에 어느 정도 자산과 부채를 가지고 있는지 알 수 있습니다. 기업의 총자산 파악보다 부채 비중이 얼마인지 파악하는 게 중요하죠.

② 손익 계산서: 일정 기간 동안 발생한 수익과 비용의 항목별 기록으로, 매출과 순이익 산출 과정이 기록됩니다. 이 기업이 1년 동안 얼마 팔았고, 얼마 썼고, 얼마 남았는지 확인할 수 있습니다.

③ 자본 변동표: 배당과 증자 등 일정 기간 동안 자본 항목의 변동 내용을 확인할 수 있습니다.

④ 현금 흐름표: 현금이 어떻게 조달되고 사용되었는지 알 수 있습니다. 영업 활동 현금 흐름은 플러스(+)일 때, 투자 활동 현금 흐름과 재무 활동 현금 흐름은 마이너스(-)이면 기업의 현금 흐름

은 양호하다고 판단할 수 있습니다.

⑤ 주석: 본문에 표시되지 않은 정보를 상세히 확인
할 수 있습니다.

기업 분석에 부담을 많이 가질 필요는 없습니다. 사실 재무제표가 좋다고 해서 반드시 투자하기 좋다는 의미는 아니거든요. 주가는 시장에서 결정되는 부분이기 때문에 재무제표가 좋다고 주가가 반드시 오르는 것은 아닙니다. 현재 재무제표가 좋더라도 성장하지 않는 기업이라면 주가는 하락할 수 있습니다.

반면 재무제표가 좋지 않더라도 성장 가능성이 높다면 주가는 오를 수도 있고요. 마치 성적으로 전교 1등인 학생이 투표로 결정되는 전교 회장에 반드시 당선된다는 보장이 없는 것과 비슷합니다. 재무제표로는 핵심만 파악하고, 기업의 현재 가치를 보려고 애쓰면서 미래를 상상해 보세요.

DAY 36

감이 아닌
숫자로 판단하라

"주식을 싸게 사서 비싸게 판다." 우리 모두의 꿈입니다. 그렇다면 주가가 싼지 비싼지부터 알아야겠죠? 느낌만으로 살 순 없잖아요. 주가를 판단하고, 포트폴리오를 관리하기 위해서는 숫자를 읽을 줄 알아야 합니다. 이때 PER, ROE, PBR에 대한 이해는 필수이고요.

PER(Price Earning Ratio, 주가 수익 비율, 가성비)

순이익 대비 주가가 저평가되었는지 확인하는 지표입니다. PER 계산식은 '시가 총액/순이익'입니다. 월세 대비 건물가가 적정한지와 비슷한 개념이고, 부를 때는 '~배'라고 합니다.

ROE(Return On Equity, 자기 자본 이익률, 수익성)

자기 자본으로 1년에 얼마만큼의 이익을 냈는지를 나타내는 지표입니다. ROE 계산식은 '순이익/순자산'입니다. 은행 예금 이자와 비슷한 개념이고, 부를 때는 '~%'라고 합니다.

PBR(Price Book-value Ratio, 주가 순자산 비율, 청산 가치)

기업의 시가 총액 대비 순자산의 비율입니다. 계산식은 '시가 총액/순자산'입니다. 성적 대비 인기도와 비슷한 개념이고, 부를 때는 '~배'라고 합니다.

[PER, ROE, PBR 쉽게 외우는 법]

- **PE**R: 그 건물가는 월세의 몇 **배**야?
- **ROE**: 은행 이자보다 **이**익이 좋은가?
- **PB**R: **베**이스(Base)가 탄탄한 기업인가?

DAY 37

초보일수록
미국 주식

우리는 한국에서 태어나 한국 돈을 벌고, 한국 부동산에 투자하며, 한국 은행에 예금하고, 한국 기업 주식을 삽니다. 그러다 글로벌 경제 위기가 터지면 어떤가요? 원화 가치는 급속도로 떨어지고, 코스피는 급락하며, 아파트 가격도 떨어집니다.

경제가 불안할 때는 선진국, 특히 미국에 투자하는 것이 안전합니다. 글로벌 경제 위기에는 항상 달러가 강세였습니다. 그러니 자산의 균형을 맞추기 위해 미국, 특히 손쉽게 거래할 수 있는 미국 주식에 일정 부분 투자하는 것이 좋습니다.

특히 초보라면 더욱 미국 주식에 투자하는 게 좋은데, 왜 그럴까요?

매년 '너무 올랐다' 말하지만 계속 오릅니다.

지난해에도, 그 지난해에도 미국 주식은 고점이라고 했습니다. 하지만 코로나19로 신흥국이 먼저 무너지면서 상대적으로 미국에 투자금이 몰렸고, 코로나가 종료된 이후에도 중국, 유럽에 비해 미국은 경기가 좋은 편이라 전 세계 투자 자금이 몰리고 있습니다. 그뿐만 아니라 미국 내에서도 401K(미국의 대표적인 퇴직 연금)가 있기 때문에 꾸준히 증시에 자금이 유입되고 있어요. 연금으로 들어온 자금을 기관이 채권과 주식에 투자하기 때문이죠. 역사상 경제 쇼크가 오면 증시는 하락하지만, 다른 나라들에 비해 회복 가능성이 높은 곳이 바로 미국입니다.

미국 기업들의 주주 친화 정책 때문입니다.

미국 기업은 배당금을 많이 줍니다. 미국 배당 기업들은 1년에 네 번 배당을 주고, 4~6% 수준의 배당률을 지속하기 때문에 안정적인 편입니다. 반면 국내 기업은 대부분 연 1회 배당을 주기 때문에 배당락(어떤 주식의 배당 기준일이 지나 배당금을 받을 권리가 없어지는 일)이 심하고 평균 배당률은 1~2% 수준입니다.

그렇기 때문에 미국 주식으로 배당 캘린더를 잘 만들어 놓으면 매월 월급 받듯이 배당금을 받을 수 있답니다.

미국 빅테크가 급격하게 성장하고 있습니다.

미국의 대표적인 빅테크 7 기업인 애플, 마이크로소프트, 알파벳(구글), 아마존닷컴, 엔비디아, 테슬라, 메타 플랫폼(페이스북)을 '매그니피센트 7'라고 부릅니다. 미국뿐만 아니라 전 세계 사람들이 쓰는 서비스이고, 실적도 좋으며 성장 가능성이 높습니다. 각국에서 자국 산업 보호를 위해 규제를 내놓고 있지만 현재로서는 대체할 만한 기업이 없다는 판단입니다.

달러밖에 믿을 게 없다는 믿음이 강해지고 있습니다.

글로벌 경제 위기에 가장 강한 것은 달러였고, 약한 것은 코스피와 국내 부동산이었습니다. 전 세계에서 경쟁적으로 풀어 놓은 유동성 장세가 어느 날 갑자기 글로벌 위기로 바뀔 때, 국내 자산은 다 무너져도 상대적으로 미국 달러화 자산들이 살아 있으면 그걸 팔고 다시 국내 자산을 상대적으로 싸게 살 수 있다는 경험이 있습니다. 역사는 다시 반복될지도 모르니까요.

국내 주식에 대한 배신감을 느끼는 사람이 많아지고 있습니다.

국내 기업은 주가가 오르면 유상 증자를 자주 합니다. 이해는 되죠. 성장하는 시장에서 더 큰 실적을 내려면 자본을 끌어들여야 하는데, 주식을 새로 발행하는 게 가장 쉽기 때문입니다. 이젠 유상 증자 정도면 봐줄 만합니다. 핵심 자회사 또는 사업 부문만 따로 떼어내서 신규 상장하는 경우도 많습니다. 그 과정에서 주주들은 주가 하락을 맞보고, 기업과 증권가에서는 장기적 관점에서는 회사가 성장하는 것이기 때문에 주주에게 이익이라는 고정 멘트가 나옵니다. 손실의 아픔이 큰 개인 투자자들이 태평양 바다를 건너 투자하는 이유입니다.

그 외에도 미국 주식에 대한 몇 가지 기대 요소가 더 있습니다. 코로나 피해 기업들의 실적 회복도 기대되고, 바이든 경기 부양에 따른 인프라 관련 기업 실적도 좋을 것이며, 중국에 대한 견제로 미국 내 제조업 리쇼어링 정책(해외 진출한 자국 기업을 각종 세제 혜택과 규제 완화 등을 통해 자국으로 불러들이는 정책) 전망도 미국 주식으로 유인하는 요인입니다.

DAY 38

펀드란 무엇인가

펀드는 재테크 초보자에게 최적의 상품입니다. 여기서 말하는 펀드란, '공모 펀드'를 의미합니다. 특정인에게 비공개로 투자금을 모아 운영하는 '사모 펀드'와 달리 일반인을 대상으로 공개적으로 투자금을 모은 펀드를 쉽게 부르는 말이죠. 보통 은행이나 증권사 또는 펀드 슈퍼마켓에서 누구나 쉽게 가입할 수 있습니다. 사실 지난 10년간 펀드에서 끊임없이 자금이 유출되었습니다. 그렇다면 과연 펀드는 이제 한물간 투자 상품일까요? 그렇지 않습니다. 펀드가 최적의 상품인 이유를 말씀드릴게요.

첫째, 따로 투자 공부를 많이 안 해도 됩니다.

바쁜데 직접 경제 공부하고 산업과 기업을 분석하며 매수·매도 타이밍을 고민하지 않아도 된다는 게 가장 큰 이점입니다. 채권에도 투자할 수 있으며, 구리·원유·금과 같은 원자재와 신흥국 투자에도 쉽게 도전할 수 있답니다. 단점은 바로 보수·수수료 같은 비용이 더 든다는 것이죠. 펀드 매니저를 고용했으니 비용이 드는 것은 어쩔 수 없습니다. 최근에는 펀드 유치를 위해 수수료 없이 보수만 받는 펀드도 많이 있으니 발품을 팔아보는 것도 좋고요.

둘째, 시장 대비 초과 수익률을 기대할 수 있습니다.

지수를 추종하기만 하는 ETF(Exchange Traded Fund)에 비해 펀드는 운용사와 펀드 매니저의 역량으로 그 이상의 수익을 내기도 합니다. 또 우량 종목을 발굴하거나 특정 섹터·특정 전략에 집중하는 것도 펀드의 강점입니다. 보통 상승장보다는 하락장에서 이런 전문가들의 활약이 돋보이죠. 운용사만의 매뉴얼로 하락장에서도 관리하기 때문입니다. 물론 펀드도 원금 손실의 가능성이 있습니다.

셋째, 특정인을 대상으로 하는 사모 펀드에 비해 안정성이 높습니다.

펀드는 주로 개인에게 판매되기 때문에 투자자 보호, 자산 운용 규제, 투자 설명서 설명 및 교부 의무, 외부 심사 등 투자자 모집, 펀드 운용에 대한 규제가 엄격한 편입니다. 또 공모 펀드는 발행 시 금융당국에 보고해야 하고 정기적으로 펀드 운용 보고서를 공시해야 하죠. 그렇기에 최근 환매 중단 사태 등의 금융 사고 관련 기사로 접할 수 있는 사모 펀드와 비교하면 안정성이 높습니다.

이제 펀드 투자를 시작해 볼까요. 소액, 적립, 장기 투자! 너무 바쁘거나 아직은 투자에 대해 잘 모르겠다면 펀드로 투자를 시작해 보기를 추천합니다. 일 잘하는 사람은 모든 일을 다 직접 하지 않더라고요. 나보다 더 잘하는 사람에게 맡기면 되니까요.

DAY 39

ETF란 무엇인가

우리는 살면서 수많은 선택을 합니다. 아마 가장 첫 번째 선택은 엄마가 좋은지, 아빠가 좋은지가 아니었을까요? 말을 시작하면 모두 그것부터 물어보니까요. 그 이후에 또 어떤 선택을 했던가요? 초등학교 때는 방과 후 과목 선택, 중학교 때는 제2외국어 선택, 고등학교 때는 문·이과 선택, 대학은 전공 선택, 졸업할 때 진로 선택, 결혼은 할지, 아이는 낳을지 등 평생 선택의 순간은 끝나지 않습니다.

주식 투자도 다르지 않습니다. 많은 기업 중 어떤 기업이 내 돈을 좀 더 불려줄 것인가를 선택하는 과정이기 때문입니다. 예를 들어, 네이버냐 카카오냐, 삼성전자냐 현대차, 삼성바이오로직스냐 셀트리온이냐 등 우리는 주식을 선택할 때 여러 정보와 경험을 바탕으로 판단합니다.

그러나 그 과정이 쉽지만은 않습니다. 사실 모든 것을 자산 운용사 펀드 매니저에게 의뢰하면 간단합니다. 단, 비용이 더 들겠죠.

어떤 주식을 골라야 할지 고민 안 해도 되면서 수수

료는 아낄 수 있는 방법이 없을까요? 필요는 발명의 어머니라는 말이 있듯, 이런 고객을 위해 탄생한 것이 바로 ETF입니다.

ETF란, 말 그대로 인덱스 펀드(주가 지표의 변동과 동일한 투자 성과의 실현을 목표로 구성된 포트폴리오)를 거래소에 상장시켜 주식처럼 자유롭게 거래할 수 있게 만든 금융 상품입니다. 주식과 펀드의 장점을 합친 하이브리드(Hybrid) 형이라고 할까요.

ETF의 특징은 다음과 같습니다.

첫째, 펀드처럼 소액으로 다양한 종목에 투자할 수 있습니다. 투자금이 적을 때는 비싼 주식 한 주도 사기 어렵지만, 이 기업을 포함한 ETF를 산다면 여러 기업에 일정한 비율로 투자할 수 있습니다.

둘째, 주식처럼 거래가 쉽고 빠릅니다. 주식이 개별 기업을 거래하는 것이라면, ETF는 기업 묶음을 주식처럼 거래하는 것입니다. 내가 원하는 시기와 시장가에 빠르게 사고팔 수 있다는 장점이 있습니다. 대금 정산 프로세스도 간단하여 (국내 상장 ETF의 경우) 환매 후 영업일 기준 2일이면 예수금으로 돈이 들어옵니다. 즉, ETF는 펀드 거래 기간에 비하면 매우 짧고, 원하는 가격에 바로 사고팔 수 있습니다.

셋째, 주식처럼 배당금을 받을 수 있습니다. 주식이 배당금을 받는 것처럼 ETF는 분배금을 받습니다. 물론 ETF가 보유하는 기초 자산인 주식과 채권에서 각각 배당금과 이자가 나와야 분배금이 쌓이겠죠. 좋은 기초 자산을 가진 ETF는 이럴 때 더욱 빛이 난답니다.

ETF의 원리 이해하기

예를 들어, A사와 B사의 주식은 각각 주당 100만 원과 50만 원이라고 가정해 보겠습니다. C라는 회사가 자본금 1,000만 원으로 A사 주식 5주(100만 원×5주=500만 원)와 B사 주식 10주(50만 원×10 주=500만 원)을 샀습니다. 그리고 C사가 새롭게 주식 10주를 발행했다고 할게요. 우리는 C사 주식을 시장에서 거래합니다. 즉, A와 B라는 회사의 주식들을 모아놓고 껍데기를 하나 더 씌운 C사가 바로 ETF라고 할 수 있습니다.

운용사는 이렇게 여러 회사의 주식을 일정 비중으로 PDF(Portfolio Deposit File)라는 바스켓에 담습니다. 그리고 1CU(Creation unit)라는 설정 단위로 잘라서 개인이 원하는 수량만큼 매매할 수 있게 만듭니다.

DAY 40

채권이란 무엇인가

채권이란 정부, 공공 단체와 주식회사 등이 일반인으로부터 비교적 거액의 자금을 일시에 조달하기 위해 발행하는 차용 증서입니다. 말 그대로 빚을 나타내는 증서죠.

채권도 일종의 문서인데 어떻게 거래하는지 궁금하실 겁니다. 쉽게 생각하면 아파트 분양권과 비슷해요. 아파트의 경우 분양권을 사고팔기도 하죠. 인기가 많은 아파트는 피(프리미엄)를 붙여 높은 가격에 팔고, 반대로 마피(마이너스 프리미엄)로 처분하기도 합니다. 분양권과 채권도 큰 범위에서 유사한 개념입니다. 채권도 인기가 많아 수요가 높으면 비싼 값에 팔고, 수요가 없으면 할인해서 파니까요.

먼저 채권을 발행하는 기관이나 기업은 '이자를 얼마 줄 테니 대신 언제까지 원금을 갚으세요'라는 내용을 채권에 기록합니다. 이렇게 처음에 기록한 확정 이자를 '표면 금리'라고 합니다. 즉, 표면 금리란 채권의 만기까지 지급해야 하는 총 이자 비율이에요. 하지만 표면 금리가 채권의 실제 수익률을 의미하지는 않습니다. 채권

의 실제 수익률은 시장 금리, 채권의 만기, 채권의 신용
등급 등의 요인에 따라 달라질 수 있으니까요. 일반적으
로 채권 이자는 채권 보유자에게 표면 금리만큼 정해진
일자에 지급됩니다. 그래서 투자자는 만기까지 채권을
보유하지 않고 다른 사람에게 팔 수 있습니다. 이 점이
예금과 다른 부분이죠.

채권을 사는 입장은 어떨까요? 당연히 수익률을 계
산해 보고 채권을 매입합니다. 채권 수익률이란 채권 투
자로 미래에 획득 가능한 모든 투자 수익을 현재 채권
값으로 나눈 값입니다. 이러한 채권 수익률은 투자 성과
를 측정할 수 있기 때문에 일반적으로 '채권 금리'라고
부릅니다. 채권은 발행한 이후부터는 표면 금리가 아닌
채권 금리(수익률)를 더 중요하게 여긴답니다.

예금은 정해진 금리 외에 수익을 기대할 수는 없습
니다. 하지만 채권은 할인가로 구입할 수 있기 때문에
표면 금리 이상의 수익을 기대할 수도 있습니다. 또 만
기 이전에도 대부분 분기 또는 반기별 이자를 받을 수
있기 때문에 꾸준한 현금 흐름을 만들 수 있는 장점도

있습니다. 그렇기에 통상적으로 채권 금리는 예금 금리보다 높습니다. 또 채권 발행의 대상이 안정된 국가 혹은 신용도 높은 회사일수록 안전한 투자에 속합니다. 당연한 이야기이지만 그런 곳은 부도가 나서 채권 가치가 떨어질 염려가 적기 때문이죠.

채권 값은 언제 오르고 언제 떨어질까?

채권 값은 한국은행이 발표하는 기준 금리와 밀접한 관계가 있습니다.

예를 들어, 액면가 100만 원에 표면 금리 7%, 만기 1년짜리 채권이 있다고 해 볼게요. 현재 기준 금리가 6%에서 4%로 떨어지면 앞으로 나올 채권 표면 금리는 5% 수준이 예상됩니다. 그러니 기존의 7%짜리 채권의 인기는 올라갈 겁니다. 102만 원을 불러도 사려는 사람들이 손을 들 겁니다. 반대로 기준 금리가 6%에서 9%로 오르면 앞으로 나올 채권 표면 금리는 10% 정도가 될 것입니다. 그렇다면 기존의 7%짜리 채권 가치는 떨어지겠죠. 할인해서라도 빨리 팔고 싶어집니다. 98만 원을 불러도 쉽게 판매가 안 될 수 있습니다. 이처럼 기준 금리와 채권 값은 반비례 관계에 있습니다. 따라서 채권에 투자하려 한다면 기준 금리 변동에 따른 채권 값 움직임을 유심히 살펴보는 게 좋습니다.

DAY 41

어렵지 않고
안정적인 채권 투자

채권 투자는 직접 채권을 사거나, 펀드나 ETF 등을 통해 간접적으로 채권을 사는 방식으로 투자할 수 있습니다. 각 투자 방법의 장단점을 확인해 볼게요.

채권 직접 투자

기준 금리가 하락하는 시기에는 채권에 직접 투자하는 것도 좋습니다. 채권 이자와 채권 시세 차익을 기대할 수 있어서입니다. 단, 더 좋은 조건의 채권이 등장할 수도 있으니 그때 내 채권 가치가 떨어질 수 있다는 점, 그리고 절대 망할 것 같지 않은 회사라도 급박한 위기 상황이 오면 망할 수도 있다는 점을 감수해야 합니다.

채권 간접 투자

채권 펀드나 ETF에 투자하려면 단기채가 좋고, 반드시 해당 상품 안에 들어 있는 채권 리스트를 확인해서 최근 발행된 금리 높은 채권 비중이 높은 상품을 고릅니다. 장기간 보유할 예정이라면 사실 별 의미는 없지만요. 주식 단타 개념으로 채권에 투자한다면 이런 부분도 신경 쓰면 좋습니다. 만기 전에 팔아야 한다면 손실을 적게 보기 위해서죠.

일단 투자 후에는 신경 쓰고 싶지 않다면 펀드(그중에서도 자동 적립식)에, 품을 더 들이더라도 수수료를 낮추고 싶다면 ETF에 투자하는 편이 좋습니다. 펀드는 나를 대신해 누군가가 일을 하고 있으니 수수료가 높습니다. 채권 포트폴리오 내에 있는 채권이 만기되면 펀드 매니저는 다른 채권을 다시 보충해 넣으며 운영·관리를 하죠. 채권 ETF를 한다면 여기 담긴 포트폴리오에 대한 분석도 하고, 듀레이션(Duration, 투자 자금의 평균 회수 기간을 뜻하는 말)뿐 아니라 매매 시점을 내가 정해야 하기 때문에 금리 변동도 계속 체크해야 합니다. 최근에는 채권 ETF 상품이 더 다양하게 나오고 있는 추세입니다.

채권은 철저하게 시장에서 거래되는 가격으로 가치가 매겨집니다. 여기에 영향을 미치는 것은 기준 금리, 세계 경제, 투자자들의 심리 등이 있습니다. 채권은 증권 계좌로 사고팔 수 있으니 비교적 안정적인 국고채나 높은 등급의 회사채 위주로 투자하는 게 좋습니다.

개인이 채권에 투자한다는 것은 단기 매매 목적이 아니라 예금보다 2% 정도 더 수익률을 올리고 싶어서입니다. 그렇기 때문에 직접 채권을 산다면 만기까지, 펀드나 ETF에 투자한다면 4~5년 정도 보유하는 게 좋습니다.

DAY 42

연금이란 무엇인가

1980년대만 해도 평균 수명이 65세 정도였기 때문에 노후 대비에 큰 의미를 두지 않았습니다. 정년퇴직 후 10여 년만 더 살게 되었으니까 말이죠. 수입이 높은 40~50대에는 교육비 지출이 크긴 했지만 자녀 2~3명은 키울 수 있었고, 월급을 받으면 알뜰히 모아서 연이율 10%가 넘는 은행에 예금했죠. 그리고 목돈을 만들면 아파트를 장만하여 보통 2~5배 정도의 자산을 불릴 수 있는 시대였습니다. 하지만 지금은 어떤가요?

50세에 은퇴한다고 가정해도 30~40년은 현금 흐름이 발생해야 합니다. 다시 말해 우리는 평생 월급이 필요한 시대에 살고 있다 해도 과언이 아니란 의미예요. 통장의 현금을 조금씩 빼서 생활비로 써야 한다면 얼마나 불안할까요? 줄어드는 통장 잔고에 불안감은 가중될 것이고, 심하면 노후 파산에 이를 수도 있습니다. 그래서 연금은 가능한 다음의 3종 세트에 모두 가입하기를 권합니다.

국민연금

물가 상승률을 보전해 주는 것과 직장 가입자는 50%를 회사가 내준다는 장점이 있습니다. 부부 중 한 명이 먼저 사망할 경우에는 본인 연금 또는 배우자의 사망 유족 연금 중 선택할 수도 있어요. 비록 자신의 연금을 선택하더라도 유족 연금의 30%는 가산해서 받을 수 있습니다.

연금 저축

절세 효과가 뛰어납니다. 매년 16.5%의 세액 공제 효과(세전 급여 5,500만 원 이상이면 13.2%)와 55세 이후 인출 시 소득세 15.4% 없이 3.3~5.5%의 세율만 적용받습니다. 2023년부터는 세법이 개정되면서 연금 저축 600만 원 납입액까지 세액 공제를 받을 수 있게 됐습니다.

개인형 퇴직 연금(IRP)

회사가 망해도 퇴직금을 받을 수 있도록 만든 제도

로, 재직 중인 근로자의 퇴직금을 은행, 증권사와 같은 외부 금융회사에 고용주가 적립해 둡니다. 퇴직 연금 제도는 크게 DB형, DC형, 개인형 퇴직 연금으로 구분되는데, 이 중 DC형과 개인형 퇴직 연금은 개인이 운용할 수 있지만 무관심하거나 생업이 바쁜 경우에는 원금 보장형에 묶어 두는 경우가 많습니다. 2023년부터는 세법이 개정되면서 IRP는 900만 원 납입액(연금 저축 600만 원을 포함하면 개인형 퇴직 연금은 300만 원)까지 세액 공제를 받을 수 있게 되었으니 참고하세요.

연금, 얼마나 준비해야 할까?

그러면 연금을 얼마나 준비해야 할까요? '생활비가 충분히 여유 있다'라고 예상되는 월 소득(세전)은 은퇴 귀족층 525만 원, 은퇴 상류층 372만 원, 은퇴 중산층 198만 원, 상대 빈곤층 125만 원, 절대 빈곤층 101만 원입니다(NH투자증권 100세시대연구소, 2021년 기준 통계청 가계금융복지조사 마이크로데이터, 60세 이상 완전 은퇴 가구 대상).

하지만 국민연금으로 받을 수 있는 노후 생활비는 평균 97만 원이라고 합니다(국민연금공단 2022년 6월 기준, 가입 기간 20년 이상자 대상). 현실과 이상의 간극이 너무 크죠. 그래서 퇴직 연금과 개인 연금이 더욱 절실합니다.

DAY 43

가상 자산이란 무엇인가

우리는 태어날 때부터 중앙은행에서 발행하는 법정 화폐 금융 시스템에서 살아왔습니다. 하지만 이런 중앙화된 금융 시스템에서 벗어난, 탈(脫)중앙화한 블록체인 네트워크에서 '채굴'이라는 이름으로 화폐가 탄생했습니다. 바로 2009년 등장한 비트코인 같은 가상 화폐죠.

그 이후로 가상 자산은 빠른 성장세를 보이다가 경기 침체로 인해 변동성을 맞이하고 있습니다. 앞으로의 세상에서는 가상 자산을 빼놓고 금융을 말하기 힘들어질 텐데요. 가장 기본적인 개념을 먼저 알아보겠습니다.

가상 자산

가상 자산이란 '가상 화폐', '디지털 화폐', '코인' 등으로 불리는 것을 대체하기 위한 단어입니다. 비트코인이나 이더리움이 화폐 역할을 하지는 못해도, 적어도 자산으로서는 역할을 하고 있다는 인식 때문이기도 하고요. 중앙은행에서 발행하고 통제하는 실물 화폐와 혼동을 막기 위해 가상 자산이라 개념을 정립하고 관리, 운영, 규제함이 목적입니다.

블록체인

이런 가상 자산을 이해하기 위해서는 기저에 깔린 블록체인 개념도 이해해야 합니다. 블록체인이란 말 그대로 데이터를 블록에 담아 체인(사슬)으로 엮어 놓는 분산 원장 기술을 말합니다. 중앙에 모여 있던 데이터들을 사람들이 공유함으로써 투명하고 신뢰성이 높아진다는 원리입니다.

비트코인

최초로 생긴 가상 화폐인 비트코인은 현재 가상 자산의 대명사입니다. 사토시 나카모토(Satoshi Nakamoto)라는 가명의 인물이 개발했는데, 이 코인이 너무 많이 발행되면 가치가 추락할 것을 염려해 애초에 2,100만 개만 만들었다고 합니다. 이제 90% 정도 채굴이 완료되었다고 하고요. 따라서 일각에서는 비트코인 가격은 공급이 줄수록 오를 수밖에 없다고 주장하기도 합니다. 하지만 비트코인 채굴에 많은 전력이 소요되며, 비트코인 가격이 떨어지면서 채산이 맞지 않자 채굴기 가격이나 채굴업체의 주가 등이 영향을 받기도 했습니다.

알트코인(Alternative Coin)

비트코인에 반기를 들고 부족한 점을 보완하여 탄생한 것이 바로 알트코인입니다. '알트(alt-)'가 대체한다는 뜻이니, 비트코인을 대체하겠다는 의미겠죠. 이미 시장에 1만여 종이 탄생하였고, 대표적인 알트코인으로는 이더리움, 리플 등이 있습니다.

NFT(Non Fungible Token)

NFT는 대체 불가능한 토큰을 말합니다. 블록체인상에서 발행하는 토큰으로, 다른 토큰과는 대체가 어렵기 때문에 가치가 인정되고 희귀할수록 거래 가격이 상승합니다. 게임, 그림, 예술품, 부동산, 디지털 콘텐츠 등 다양한 NFT가 등장했습니다.

가상 자산 거래소

이러한 가상 자산을 사고팔 수 있는 시장이 바로 가

상 자산 거래소입니다. 실제 화폐로 가상 자산을 구매하거나 판매할 수 있습니다. 국내에는 업비트, 빗썸, 코인원, 코빗, 고팍스 등이 있습니다.

앞서 말한 바와 같이 가상 자산은 여전히 위험 자산이기 때문에 시중에 유동성이 많아야 성장할 수 있습니다. 그동안 관련 규제나 체계가 정립되고, 중앙은행 디지털 화폐(CBDC) 도입 등에 따라 가상 자산 시장도 변곡점을 맞을 것으로 보입니다.

DAY 44

선택과 집중을
해야 한다면

초보자들이 주식 투자를 할 때 가장 자주 하는 실수가 무엇일까요? 바로 계좌에 많은 종목을 담는 것입니다. 경제 기사에서 좋다고 하는 종목, 지인이 추천하는 종목, 주가 하락해도 손절하지 못하고 보유하고 있는 종목들이 혼재되어 하나의 계좌에 들어 있는 경우가 허다합니다.

복잡하면 관리하기 어렵습니다. 전문가도 어려운데, 그 많은 종목을 어떻게 일일이 분석하고 투자를 결정하겠어요. 그러니 일단 자신의 수준에 맞게 계좌를 정리해야 합니다. 좋은 방법을 알려드릴게요.

달걀판 투자법

달걀이 깨지지 않게 보호하는 두꺼운 종이나 플라스틱으로 만들어진 달걀판을 하나 구해 볼까요? 담는 달걀 수에 따라 달걀판의 종류도 다양한데, 처음에는 편의점에서 파는 구운 달걀용 2구짜리로 시작해 보겠습니다. 투자할 기업이나 상품 이름을 메모지에 써서 2구를

채웁니다. 하나를 빼야 다른 하나를 넣을 수 있어요. 레벨을 깨듯 2구짜리 달걀판이 익숙해지면 6구, 10구짜리로 바꾸는 거예요. 반드시 사야 할 종목이 있다면 기록하여 넣고 대신 어떤 종목을 제외할지 선택합니다. 그러면 의도하지 않게 종목이 늘어나 계좌가 복잡해지는 것을 방지할 수 있답니다. 투자에서 가장 중요한 것은 선택과 집중이거든요.

투자 그릇이 커질수록 달걀판도 커집니다. 만약 10구 달걀판에 포트폴리오를 구성한다면 가치주(성장세는 완만하지만 현재 가치에 비해 주가가 저평가된 주식)와 성장주(매출과 이익이 앞으로 크게 성장할 것이 기대되는 주식)를 골고루 넣을 수 있겠죠. 증시가 하락세일 때는 가치주에서 위안을 얻고, 상승하는 날에는 성장주에서 수익을 얻을 수 있는 것도 전략입니다.

내가 감당할 수 있는 범위 내에서 단순하고, 꾸준하게 재테크를 하는 것이 중요합니다.

4장.

실전 재테크:
돈 버는 포트폴리오 만들기

재테크를 시작하기 위한 기본 개념과 원리를 이해했다면, 이제는 실전 재테크를 시작할 차례입니다. 실전 재테크에서는 3장에서 배웠던 기본 개념을 바탕으로 자산 포트폴리오를 구성하고 대체투자와 절세법까지 범위를 넓혀 볼게요. 이번 장은 조금 어려울 수 있으나 한 단계 도전하는 마음을 갖는다면 해낼 수 있답니다.

DAY 45

나만의
자산 워크숍

돈은 쓰는 게 재밌을까요, 자랑하는 게 재밌을까요? 정답은 모으는 게 가장 재밌습니다.

돈을 잘 모으는 방법은 간단합니다. 많이 벌고, 적게 쓰고, 수익률 높은 상품에 투자하여 불리면 됩니다. 교과서 같은 이야기처럼 들리지요? 그런데 우리는 돈 모으기 위해서는 무언가 특별한 방법이 있을 거라고 생각합니다.

그렇다면 어떤 방법이 있을까요? 주식이라면 내부자 정보를 활용한 종목 추천, 부동산이라면 재개발·재건축 단지 또는 노후 대비를 위한 수익형 부동산 등에 투자하는 것일 겁니다. 그러나 정작 이런 비법은 주변에서 쉽게 접할 수 없고, 비법을 알려줄 것 같던 사람에게 사기당하는 일도 있습니다. 특별한 비법 그 자체가 중요한 게 아니라 내가 이해하고 실행할 수 있는 방법이어야겠죠.

그래서 경제 공부를 통해 자기의 투자 그릇을 늘려 가면서 포트폴리오도 키워야 합니다. 그릇을 키우면 투자의 완급을 조정할 수 있기 때문에 결과적으로 더 좋은 성과를 낼 수 있습니다. 투자의 그릇을 키우기 위해 어떻게 하면 좋을까요? 먼저 자신을 파악하는 게 중요합니다. 자신의 성향을 잘 모른 채 투자한다면 잘 못된 선택을 하거나, 투자하는 동안 지속적으로 스트레스를 받을 수 있기 때문입니다. 다음과 같은 순서로 투자의 그릇을 키우기 위한 나만의 자산 워크숍을 준비해 보세요.

[1단계] 조용한 카페를 찾습니다.

늘 반복되는 일상에서 벗어나 새로운 공간을 찾아 보세요. 회의 자료나 노트북 등 다른 준비물은 필요 없습니다. 빈 노트 한 권이면 충분해요.

[2단계] 노트에 미래의 모습을 적어 봅니다.

카페에 들어서면 따뜻한 차를 한 잔 주문한 뒤 노트를 펼치세요. 가계부가 있다면 더욱 좋겠지만 처음이라면 전체 판을 그려 보기 위해 빈 노트가 좋습니다. 노트에 가로 선을 그어 보세요. 그리고 선 위에 10년, 5년, 1

년 단위를 표시해 보세요. 그다음 그 아래 원하는 삶의 모습을 글로 적어 보세요. 직급, 연봉, 자산도 중요하지만 몇 년 후 내 모습, 우리 가족은 어떤 모습일지 디테일하게 적어 보세요.

[3단계] 장기적으로 무얼 해야 할지에 대한 질문과 답을 써 보세요.

막연히 알고만 있었던 질문들을 적어 보세요. 어떤 것이 시급하고, 어떤 것은 장기 계획으로 준비해야 할지 정할 수 있습니다. 종잣돈 만들기, 내 집 마련, 자녀 교육비, 노후 준비 섹션으로 구분하여 답을 생각해 봅니다.

[4단계] 소득과 지출을 점검합니다.

가장 뼈아픈 시간이겠죠. 사회생활을 핑계로 썼던 수많은 자기 계발비, 치장비, 용돈 등을 줄이는 작업을 해 봅니다. 그런 후 새고 있거나 줄일 수 있는 생활비를 찾아 봅니다.

[5단계] 연금 3종 세트를 챙겨 봅니다.

통계청 자료에 따르면 우리 국민의 평균 수명은 83.3세로, 정년이 만 60세임을 고려할 때 퇴직 후 20년을 더 살아야 합니다. 그래서 연금은 총 3개를 준비해야 합니다. 국민연금, 퇴직 연금, 개인 연금. 이 세 가지를 탄탄하게 설계하는 것이 당장 주식에 투자하는 것보다 중요합니다. 처음에 한 번만 잘 설계해 둔 후, 매월 자동이체해 버리고 잊고 사세요.

[6단계] 3개월 뒤에 다시 점검합니다.

3개월 뒤의 물가 상승률과 경기 둔화는 어디쯤 와 있을까요? 시장을 떠나지 말고 지켜보면서 지속해서 포트폴리오를 조정해 나갑니다.

자산 워크숍을 통해 성과를 돌아보고 반성할 기회를 가지는 것이 좋습니다. 눈으로 기록된 결과물을 보면서 방향성을 잡아 나가야 목표 지점까지 흔들림 없이 갈 수 있으니까요.

DAY 46

한 달 일찍 시작하면
1년 일찍 은퇴한다

자산을 형성하고 불리는 전략은 심플합니다. 안정적으로 소득을 유지하고, 경기가 좋을 때는 공격적으로 자산을 불리고, 경기가 나쁠 때 방어적으로 자산을 지켜야 하겠죠. 아무것도 모르고, 아무 장치도 안 해 놓은 상태로 버티기는 힘듭니다. 한마디로 정리하면 '자산 배분'과 '리밸런싱'이 필요하다는 의미입니다. 이제 자산 배분과 리밸런싱에 대해 본격적으로 공부해 볼까요?

자산 배분 이해하기

자산이란, 부채와 자본을 말합니다. 다시 자산은 단기 자산과 중장기 자산으로 구분할 수 있는데, 중장기 자산은 투자 자산, 유형 자산, 무형 자산 등으로 분류할 수 있습니다. 이 중 투자 자산을 ① 성격과 목적에 따라 배분하고 ② 목표 수익률을 정한 다음 ③ 지속해서 증식하기 위해 리밸런스하는 것을 '자산 운용'이라고 합니다.

'그냥 아끼고 저축으로 돈 모아서 집 한 채 사고, 돈 또 모으면 한 채 더 사고 그렇게 집으로 저축해 나가다

가 나이 들면 월세로 전환해서 살면 되지….'

예전에는 집을 한 채 한 채 저축처럼 구매하여 연금처럼 쓰겠다는 전략이 유효했습니다. 하지만 지금은 상황이 달라졌죠. 특히 주식은 위험하고, 부동산은 안전하다는 믿음조차 깨지고 있잖아요. 이럴 때 자산 배분을 잘해 두는 게 중요합니다. 특히 예측하기 힘든 시기일 때는 자산 배분을 해 두었다가 시절이 좋아지기를 기다리는 게 좋겠죠. 자산을 배분할 때는 다음의 몇 가지를 고려해야 합니다.

- 동질성: 자산군 내 종목들은 상대적으로 동질성을 가짐
- 배타성: 자산군 간에 서로 중복되지 않음
- 분산 가능성: 자산군 간 분산 투자 효과 발생 가능성
- 포괄성: 가급적 고려될 수 있는 모든 자산을 포함
- 충분성: 각 자산군은 종목 수 및 규모가 충분히 클 것

즉, 핵심은 한쪽 자산이 떨어질 때 반대편 자산이 오를 것을 고려해 효율적으로 구성하는 것입니다. 그렇게 나눈 자산군 항목이 바로 현금, 채권, 주식, 대체 자산(금, 미술품, 원자재 등)입니다.

리밸런싱 이해하기

금융 시장이 시시각각 변하기 때문에 기껏 배분해 뒀던 자산 비중이 틀어집니다. 예를 들어, 현금 : 주식 : 대체 자산의 비중을 50 : 30 : 20으로 초기 설정했지만, 주식 시장이 하락하면 60 : 20 : 20 비중으로 바뀔 수 있죠. 이렇게 초기 설정 비중이 계획과 달라졌는지 체크하고, 리밸런싱하는 것이 중요합니다.

그러면 리밸런싱이란 무엇이고, 어떻게 해야 할까요?

자산 배분 비중이 초기 설정 값과 달라졌다면 분량이 높아진 자산 일부를 떼어 분량이 낮아진 자산에 붙입니다. 마치 모래사장에 흙이 파인 곳을 메꾸어 평평하게 만들어 주는 것과 같은 작업이죠. 그렇게 원래 설정 값이 될 때까지 조정하는 것을 리밸런싱이라고 합니다.

리밸런싱은 보통 분기별로 하는 것이 가장 좋지만, 1년 또는 반기마다 해도 괜찮습니다. 자신의 라이프 스타일에 맞추거나, 경기의 변화 속도를 감안하세요.

이렇게 주기적으로 리밸런싱하면 한 가지 자산에 과도하게 집중되는 위험을 미연에 방지할 수 있습니다. 또 자연스럽게 주가가 하락했을 때 투자하고, 고점일 때 매도할 수 있어 장기적으로 높은 수익률을 기대할 수 있답니다.

결국 자산을 운용한다는 것은 내가 이길 수 있는 게임을 선정하고, 인내심을 가지고 끝까지 하는 것입니다. 시장은 특별한 사건이나 충격이 있어도 회복 능력이 강하기 때문이죠. 그러니 하루 일찍 시작하면 훗날 한 달이 일찍 편해지고, 한 달 일찍 시작하면 1년은 빨리 은퇴할 수 있습니다. 경제와 돈을 공부해야 하는 이유겠죠.

DAY 47

그래서 얼마나
벌고 싶은가?

보통 투자할 때는 어느 정도 벌었으면 좋겠다는 '기대 수익률'을 생각합니다. 기대 수익률이란, 위험을 감수하고 정기 예금 이자 이상의 수익을 내고 싶다는 것을 의미합니다. 그러나 지금까지 우리는 상품 특성이나 환경을 고려하지 않고 '무조건 많이 벌게 해 주세요'라며 기도하지는 않았던가요? 그것은 '기도 수익률'입니다. 두 배, 세 배 벌 수 있으면 좋지만 그것조차 불가능한 상품에 투자했을 수도 있고, 정기 예금에만 가입해놓고 물가 상승률 이상의 수익률을 얻고 있다고 착각하는 분도 많습니다. 그렇기 때문에 처음부터 포트폴리오를 짤 때 기대 수익률을 계산하는 것이 좋습니다.

기대 수익률 정하는 법

다음과 같은 순서로 투자별 목표 수익률을 정하여 포트폴리오를 구성하면 됩니다(숫자는 예시일 뿐이니 참고만 하세요).

목표 연간 수익률을 정합니다. 개인의 투자 성향을 고려하여 안정형, 중립형, 공격형 등으로 목표 수익률을 정하세요.

투자 항목별 연간 목표 수익률을 예상합니다. 어디까지나 예상 값입니다. 시기에 따라 달라질 수 있어요.

- 정기 예금: 3%
- 주식 투자: 15%
- 펀드·ETF 투자: 10%
- 기타(달러, 금 투자 등): 5%

포트폴리오 구성하며 투자 상품별 구성 비중을 정합니다.

① 목표 수익률이 연간 8%라면, 정기 예금 40%, 주식 투자 30%, 펀드·ETF 투자 10%, 기타(달러, 금 투자 등) 20%로 투자금을 배분합니다.

항목	투자 금액	투자 비중	목표 수익률	예상 수익 금액
예금	40만 원	40%	3%	1만 2천 원
주식	30만 원	30%	15%	4만 5천 원
펀드·ETF	10만 원	10%	10%	1만 원
기타	20만 원	20%	5%	1만 원
총합	100만 원	100%		7만 7천 원 (약 8% 수익률)

(예시)

② 목표 수익률이 연간 12%라면, 정기 예금 10%, 주식 투자 60%, 펀드·ETF 투자 20%, 기타(달러, 금 투자 등) 10%로 투자금을 배분합니다.

만약 원금 손실이라는 리스크를 견딜 수 없다면 100% 정기 예금에 가입하세요. 자신이 감당할 수 있는 수준의 투자를 하는 것이 장기적으로 좋은 결과를 가져 온답니다.

DAY 48

꾸준하고 안정적인
적립식 투자

만약 10년 전으로 돌아간다면 무엇에 투자할까요? 대부분 삼성전자, 애플, 테슬라 주식을 사겠다고 말합니다. 그런데 과연 가능할까요?

삼성전자와 애플은 당시에도 성장성과 안정성을 겸비한 기업이었지만, 이렇게 가격이 오를 거라고 예측하기는 어려웠을 거예요. 또 주식 투자가 두려워서 못했을지도 모르고요. 당시는 회사에서 PC로 주식 사이트에 접속하는 것을 막아놨기에 투자하기도 힘든 시절이었습니다.

하지만 지금은 어떤가요? 스마트폰만 있으면 언제든 투자가 가능하고, 피곤하기는 하지만 밤에 미국 주식도 직접 사고팔 수 있는 시대입니다. 투자의 공포를 이겨내고 적립식으로 투자해 보는 건 어떨까요?

적립식 투자란, 예측하기 어려운 상황에 꾸준히 분할 매수하여 리스크를 줄이는 것을 말합니다. 누구나 저가에 사고 고가에 팔고 싶어 하죠. 하지만 주가를 예측하는 것은 신의 영역이라는 말도 있잖아요. 지나고 봐야 '그때가 고점이었구나', '그때가 저점이었구나' 판단할 수 있지요. 그래서 적립식 투자를 통해 위험을 줄여야 해요. 적립식 투자의 장점은 다음과 같이 정리할 수 있습니다.

① 소액으로 가능하다.
② 시장 변동성을 줄일 수 있다.
③ 장기 투자에 적합하다.
④ 복리 효과를 누릴 수 있다.

어릴 때부터 꾸준히 아끼고 모아서 저축하면, 은행에서 이자도 덤으로 받을 수 있어 돈이 불어난다는 것을 경험하며 살았습니다. 그렇기 때문에 주식도 적립식으로 투자하면 자산이 쌓이고 있다는 심리적 안정감도 얻을 수 있습니다.

DAY 49

개인 투자자가
절대 피해야 할 투자

레버리지 ETF란 레버리지(Leverage, 지렛대) 원리를 이용한다는 의미로, 지수를 2배로 추종하는 ETF입니다. 이익이 나도 2배, 손실도 2배겠죠. 예를 들어, 코스피 200 지수가 1% 오르면 레버리지 ETF는 2% 상승하는 상품입니다.

반대로 인버스 ETF란 인버스(Inverse, 반대 방향의)라는 말처럼, 지수의 역방향으로 움직입니다. 즉, 코스피 200 지수가 1% 내리면 인버스 ETF는 1% 상승하는 상품을 말하죠. 마지막으로 곱버스란 지수의 역방향으로 2배 움직인다는 의미입니다. 코스피 200 지수가 1% 내리면 곱버스 ETF는 2% 상승하겠죠. 모두 상승과 하락에 베팅하여 수익을 내는 ETF 상품들입니다.

이들 상품은 장기간 횡보장에서는 좋지 않은 투자 상품입니다. 위 또는 아래로 방향성이 뚜렷할 때 레버리지 또는 인버스에 투자하는 게 좋습니다. 또 매일 주식 창을 보고 투자해야 하는 방식이기 때문에 개인 투자자보다 펀드 매니저가 운용하기 적합하고요. 개인의 투자는 꾸준히 저축하던 관성을 살려 자금을 쌓아가는 게 가장 익숙하고 편하다고 생각해요. 만약 위아래로 출렁이는 지수를 따라다니고 싶다면 생업을 접고, 모니터 3대를 책상 위에 둔 채, 장중에는 모니터 앞에서 식사하고 장 마감 이후에는 다시 세계 경제와 산업, 기업 분석에 시간을 쏟아야죠. 이처럼 에너지를 많이 써야 원하는 수익을 단기간에 낼 수 있지 않을까요.

이럴 시간에 차라리 맛있는 것 먹고, 책 한 권 더 읽고, 좋아하는 사람을 만나며 일상을 즐기는 편이 더 낫습니다. '애초에 저 영역은 내가 갈 곳이 아니다'라고 선을 그어 버리면서 마음의 평화를 선택하세요. 마음 편하게 투자하는 게 장기적으로 봤을 때는 남는 장사일 수 있거든요.

혹시 모르고 레버리지, 인버스, 곱버스를 계좌에 담으셨다면 어서 정리하세요. 장기 투자 관점에서는 결코 유리하지 않답니다.

DAY 50

내 집 마련의 기본,
청약 통장

땅은 늘어나지 않는 유한한 자원입니다. 그렇기에 희소가치가 있고, 시간이 지나면 값이 오르는 경제학적 원리가 숨어 있어요. 그래서 일찌감치 이 원리를 안 부자는 땅을 소유하여 소작농에게 지대를 받아왔고, 지금은 건물주가 임차인에게 임대료를 받고 있습니다. 이처럼 과거나 지금이나 부동산은 유한하기에 중요한 자산이에요.

특히 주거용 부동산은 '거주'라는 가치가 추가되어 오늘날 땅의 경제적 기능을 가장 잘 보여줍니다. 이는 현대 사회에서 누구나 소유하기를 원해, 거래가 활발한 '주택 시장'이 되었죠. 어차피 내가 살 집은 하나는 있어야 하고, 이왕이면 그 집이 실물 자산으로서 가치가 높으면 좋겠다는 간단한 논리가 주택 시장을 돌아가게 하는 원동력입니다.

여기서 하나 궁금증이 생깁니다. 인구는 계속 줄고 있고, 아파트는 계속 늘어나고 있는데 아파트 가격은 왜 오를까요? 수요와 공급의 원칙을 생각하면 아파트 값은 떨어져야 하는 것 아닐까요? 답은 '그럴 수도 있지만 아직은 아니다'입니다.

저출산으로 인구는 줄고 있지만 1인 가구 증가로 가구 수는 늘었고, 인플레이션과 비례하여 소득도 늘었습니다. 거기에 맞벌이 가구의 증가로 교통이 편리한 지역과 신규 산업 단지가 들어오는 지역의 주택 수요도 지속해서 증가하고 있습니다.

시대를 막론하고 내 집 마련은 어렵습니다. 그렇다고 절망할 필요는 없습니다. 뜻이 있는 곳에 길은 있기 마련이니까요. 내 집을 마련하는 방법은 크게 세 가지입니다. 기존 집을 사는 법, 입주권이나 분양권을 사서 새집을 받는 방법, 주택 청약에 당첨되는 것이 그것입니다. 이 중 여러 혜택을 받을 수 있고 주변 시세보다 저렴하게 주택을 구입할 수 있는 주택 청약에 대해 조금 더 알아보겠습니다.

청약 통장이 먼저입니다.

주택 청약 제도는 청약 통장에 가입하고 최소 2만 원 이상의 일정 금액을 꾸준히 납부하다가 분양 공고가

났을 때 신청하여 당첨되면 주택을 취득할 수 있는 제도입니다. 무주택 세대주라면 주택 보유 여부와 연령에 관계없이 누구든지 통장을 만들 수 있어요. 그러니 지금 당장 주택에 관심이 없더라도 미래를 대비하는 차원에서 만드는 것이 좋습니다.

만약 만 19세 이상 만 34세 이하의 연 소득 3,600만 원 이하의 무주택인 세대주(예정자) 또는 무주택 세대의 세대원이라면 '청년 우대형 청약 통장'이 좋습니다. 청년의 내 집 마련 지원을 위해 청약 기능에 우대 금리와 비과세 혜택을 제공하기 때문입니다. 가입 기간은 2021년까지였지만, 2023년 12월까지 연장되었으니 조건에 해당된다면 가입하지 않을 이유가 없겠죠. 만약 주택 청약 종합 저축에 가입되어 있다면 기존 통장을 해지하지 않고 청년 우대형 청약 통장으로 전환할 수 있습니다.

청약 당첨이 최고입니다.

청약을 통해 분양받는 주택은 새집인 데다 주변 시

세보다 저렴하게 분양가가 책정되기 때문에 누구나 당첨을 원합니다. 알짜배기 장소의 분양이 시작되면 엄청난 경쟁률을 보이며 뉴스에도 나오죠. 그래서 지역과 평형에 따라 가점제과 추첨제 비중을 다르게 운영하고 있는데, 특히 인기 지역의 좋은 단지는 가점이 부족한 청년들의 당첨이 대체로 어렵습니다. 하지만 나라에서 사회적 배려가 필요한 사람들의 주거 안정을 위해 일반 청약자들과 별도로 아파트를 분양받을 수 있는 특별 공급 제도를 만들었습니다. 신혼집이 필요한 신혼부부 특별 공급, 생애 최초, 다자녀 특별 공급이 대표적이고 그 외 노부모 부양, 국가 유공자, 기관 추천 등이 그것입니다. 해마다 조금씩 변동 사항이 있으니 신청 전에 꼭 확인해야 합니다.

당첨되면 돈을 준비합니다.

당첨의 기쁨도 잠시입니다. 계약금을 내고 나면 중도금과 입주 시 잔금까지 마련해야 하니 자금 계획을 세워야 하겠죠. 계약금은 일반적으로 분양 대금의

10~20% 수준입니다. 이때는 집이 내 것이 아니기 때문에 담보 대출을 받을 수 없습니다. 그러니 미리 마련해 둔 종잣돈으로 계약금을 치러야 합니다. 중도금은 건설사 연계 은행 대출이 대부분 가능하고, 잔금은 주택 담보 대출로 가능합니다.

신규 아파트에 당첨되는 행복한 상상을 하면서 주택 청약 저축 통장부터 만들어 보세요. 준비된 인생은 언제나 옳습니다. 시기에 따라서 청약 통장 매력이 떨어질 때도 있지만, 그래도 없는 것보단 가지고 있는 것이 좋습니다.

DAY 51

상급지가
선호되는 이유

이러니저러니 해도 부의 첫걸음은 부동산이고, 실거주를 목적으로 한 내 집 마련이 반석이 된다는 것은 변하지 않는 진리입니다. 사실 자신이 태어난 곳을 떠나기란 쉽지 않습니다. 익숙한 골목과 사람들, 친구들까지 생각하면 이사는 어려운 일이죠. 그러나 이 집에 뼈를 묻을 거라며 긴 세월을 버텨도 막상 자식들 집 구해주는 문제에 부딪히면 다시 부동산을 알아보게 됩니다.

이렇듯 생애 주기별로 부동산에 대한 관심이 생길 때가 있습니다. 학교나 직장 등의 이유로 본가에서 독립할 때, 결혼할 때, 부모님께 아이를 맡겨야 할 때, 아이가 학교에 입학할 때, 학군지 이동을 고민할 때, 자녀를 독립시킬 때 등이겠죠. 가용할 수 있는 주택 구입 자금이 같다면 어디에 살고 싶으신가요? 못 사는 동네에서 가장 좋은 집? 잘 사는 동네에서 가장 싼 집?

"하루를 살더라도 부자 옆에 가서 살아"라는 말이 있습니다. 뱀의 머리보다는 용의 꼬리가 낫다는 의미겠지요. 부자 옆에 가서 살라고 한 이유를 다음과 같이 정리해 보겠습니다.

부자의 사고와 행동 방식을 배울 수 있습니다.

부자 동네에 살면 부자의 다양한 모습을 볼 수 있는데요. 특히 돈에 대한 태도를 배울 기회가 많아 좋습니다. 통상적으로 부자들은 돈을 적극적으로 관리하고, 투자하며, 돈을 벌기 위해 더 노력하거든요. 부자들의 이런 모습에 자극받고 내 생활에 적용하려고 노력한다면 삶을 더욱 풍요롭게 만들 수 있을 거예요.

지하철과 도로 등 교통 편의가 좋습니다.

강남, 분당의 교통이 왜 좋을까요? 부자들이 살기 때문입니다. 세금을 많이 내서 지자체의 힘이 세기도 하지만 기본적으로 정책을 결정하는 결정권자들이 많이 거주합니다. 당연히 본인들 집 앞에 좋은 건 다 갖다 놓고 싶겠죠? 강남 지도를 펼쳐놓고 보면, 바둑판처럼 지하철이 지나가서 대부분 역세권입니다. 정부에서 정책적으로 누르지 않는 한 부자 동네는 계속 발전할 수밖에 없습니다.

부자들이 자녀에게 집을 사 주는 동네도 좋습니다.

부자가 가장 많이 하는 고민 중 하나는 세금입니다. 합법적으로 얼마나 많이 자녀에게 물려주느냐가 고민이죠. 그러니 긴 시간을 두고 투자할 수 있는 자산을 선택합니다. 그중 하나가 재건축·재개발에 돈을 묻어 두는 거죠. 늙어서도 자식을 곁에 두고 싶다는 생각에 자신이 사는 곳 가까운 데를 미리 사 둔다는 것도 참고하세요.

양극화가 심해질수록 부자 동네가 살아남습니다.

부자 동네의 가게는 잘 안 망합니다. 부자들은 경기 침체에도 지갑을 잘 닫지 않기 때문이죠. 오히려 자식들이 찾아왔을 때 뭐라도 하나 더 사 주기 위해 주변 상가를 더 자주 이용하기도 합니다. 그러니 상권이 쉽게 무너지지 않습니다.

즉, 부자들의 사고와 행동 방식을 배우기 위해, 부자 동네는 지속 발전하기 때문에, 자산의 안정성을 위해 부

자 동네 또는 그 자식들에게 사 줄 것 같은 근처 동네에
사는 것이 좋습니다.

DAY 52

반복되는
부동산 사이클

시장 참여자가 많아야 부동산 시장은 상승장으로 넘어갑니다. 이는 어떻게 확인할 수 있을까요? 대출 이자 부담이 없는 사람, 갭투자에 용기 낼 사람, 정책적 기대를 더 하지 않을 사람이 시장에 얼마나 참여하는지 확인해야 합니다. 하나씩 설명해 볼게요.

전세 시장 들여다보기

실수요자들이 주택 구입을 미루면 전세가율이 상승합니다. 그리고 전세가와 매매가가 점점 가까워질수록 갭투자 수요가 발생합니다. 갭투자란, 시세 차익을 목적으로 매매가와 전세가의 차액(Gap)만으로 투자하는 것을 말합니다. 2014~2016년 전세가는 매매가의 80%에 육박하며 갭투자가 많았습니다. 다시 한번 전세난이 와야 갭투자 투자 수요가 시장에 들어올 수 있겠죠. 물론 예전에 비해 돈의 가치가 떨어졌으니 좋은 지역에서 1~2억 원을 가지고 갭투자하기는 어렵겠지만, 역전세난 뒤에는 항상 기회가 온다는 부동산 사이클은 다르지 않을 것 같습니다.

대출 수요 예측하기

전액 현금으로 집을 사는 사람은 극히 드뭅니다. 주택 담보 대출 금리가 6~8%까지 올라도 부동산 가격이 더 뛸 수 있다는 기대가 있으면 주택 담보 대출은 증가합니다.

연 소득이 1억 3,000만 원인 가구가 5억 원을 대출받아 10억 원짜리 아파트를 산다고 가정해 볼게요. 연간 대출 이자가 7%면 이자만 연 3,500만 원입니다. 월 300만 원씩 이자를 내야 한다는 뜻이죠. 그런데 집값이 앞으로 최소 2년은 유지될 것 같다면 이자 비용 7,000만 원은 사라지는 돈입니다. 그럴 거면 전세로 살다가 2년 뒤에 집을 사는 게 낫다는 결론에 이르겠죠. 이렇게 계산기를 다 두들겨 본 사람들이 결론을 내고 매매 시장에 진입하는 때를 봐야 합니다.

추가 규제에 대한 기대감 확인하기

정부가 부동산 시장 거래 활성화를 위해 규제 정책을 풀어 줄 때가 있습니다. 시장은 정부가 부동산 규제에서 완화로 정책을 바꾸면 좋아합니다. 이번에는 어떤 규제를 얼마나 더 풀어 줄까 기대하게 됩니다. 이왕이면 더 좋은 조건, 더 저렴한 가격으로 사고 싶은 게 사람 마음이니까요. 정부는 대출 규제를 풀어 주는 것을 시작으로 정책 대출 상품, 양도세 특례법, 토지 거래 허가제 해제 등을 규제 완화 카드로 내놓을 수 있습니다. 이럴 때 시장 참여자가 늘어날 수 있다는 것을 기억하세요.

DAY 53

안전 자산 1:
달러 투자

요즘 달러에 투자하는 사람들이 늘고 있습니다. 달러 투자는 아주 간단합니다. 원화 가치가 낮을 때 달러로 환전해 뒀다가 원가 가치가 오르면 되팔면 되니까요. 그런데 왜 사람들은 달러에 투자할까요? 이유는 세 가지를 들 수 있습니다.

첫째, 원화에 비해 안정성이 높습니다.

달러는 전 세계에서 가장 많이 사용되는 화폐 중 하나입니다. 미국의 경제 규모와 안정성 때문에 달러는 글로벌 경제에 큰 영향을 미치며, 미국 중앙은행인 연방준비제도(Fed)의 정책 변화나 경제 지표의 변동에 따라 달러의 가치가 변동됩니다. 그래서 달러는 급격한 가치 하락이나 급상승을 일으키는 일은 적은 편입니다. 주식은 휴지 조각이 될 수 있지만, 달러는 미국이 망하지 않는 한 휴지 조각이 될 일은 없겠죠.

둘째, 유동성이 좋습니다.

달러는 전 세계에서 가장 널리 거래되는 화폐 중 하

나입니다. 이는 달러의 수요와 공급이 크기 때문이죠. 그래서 세계 어느 나라를 가더라도 달러를 구입하거나 판매하는 것은 매우 편리합니다. 달러는 국제 원유 결제 수단이기 때문에 지속해서 수요가 발생하는 구조입니다. 크게 값어치가 떨어지지 않는다는 거죠. 하방이 단단하게 있다는 건 개인 투자자들에게 심리적으로 안정을 줍니다.

셋째, 양도 소득세가 비과세입니다.

기본적으로 달러 투자로 인한 환차익에 대해서는 양도 소득세가 없습니다. 비과세라는 뜻이죠. 부동산이나 해외 주식 투자의 경우는 양도 소득세가 수익의 20% 이상을 차지하는 경우가 많죠. 그런 면에서 달러 투자는 비과세 투자이기 때문에 절세 면에서 유리합니다.

그러면 달러에는 어떻게 투자해야 할까요?

먼저 은행이나 증권사 계좌 중 환전 수수료 우대율이 가장 좋은 곳을 찾습니다. 원 달러 환율이 떨어졌을 때 사고, 오르면 때 팝니다.

- 절대 조건: 보통 1,250원 아래면 사고, 1,350원 이상이면 팝니다. 4~5년 정도 투자할 수 있는 여력이 된다면 1,200원대 아래에서 사고, 1400원대 이상에서 팔 수도 있겠죠.
- 상대 조건: 달러 인덱스(주요 6개국 통화 대비 미국 달러의 가치를 지수화한 지표)가 상승하는데 원 달러 환율만 하락할 때 삽니다. 반대로 달러 인덱스는 하락하는데 원 달러 환율만 상승할 때는 팔아야겠죠.

장기간 보유할 때는 달러 예금이나 외화 RP(증권사가 보유하고 있는 외화 표시 채권을 투자자에게 일정 기간 후 미리 약정한 가격으로 환매할 것을 조건으로 판매하는 금융 상품) 등에 넣어두면 약간의 이자 소득을 더할 수 있습니다. 달러 투자는 낮은 수익률을 목표로 하기 때문에 자금 규모가 클수록 유리합니다. 다만 대출받아 투자하는 것은 권하지 않고, 분할해서 리스크 관리하는 것도 방법입니다.

DAY 54

안전 자산 2:
금 투자

유사 이래 금은 최고의 안전 자산이었습니다. 쉽게 깨지거나 불에 타지 않아 보관하기 좋고 빛깔이 고와 관상용이나 장신구로도 각광받아왔죠. 내구성이 강하고 심미적인 이유로 금은 5,000년 동안 인류의 사랑을 받고 있습니다.

금이 귀한 물건이기는 하지만 유물처럼 희소가치가 엄청난 것은 또 아니랍니다. 세월이 흐르면서 자연스럽게 채굴량도 증가해 적절한 가치를 유지할 수 있었습니다. 즉, 금에 대한 수요가 늘어나면 광산에서 채굴을 더해서 공급을 증가시켜, 금값은 완만한 상승 곡선을 그려왔습니다.

그렇다면 보통 사람들은 언제 금에 관심을 가질까요? 바로 인플레이션에 대한 걱정이 증가할 때와 경기가 좋지 않아 안전 자산의 필요를 느낄 때, 갑작스럽게 전쟁이 일어날 때 등입니다.

다양한 금 투자 방법

일반적으로 한국거래소(KRX) 금 시장과 금 펀드, 골드 뱅킹, 금 실물 거래 등을 통해 금에 투자합니다. 이 중 가장 수익률 높은 방식은 한국거래소 금 시장 거래입니다. 금으로 큰 수익률을 내겠다는 생각보다 다른 자산들의 가치가 떨어질 때 상대적으로 가치를 인정받을 수 있는 일부 자산으로 갖고 있는 게 좋습니다.

금은방 거래

생애 최초로 받는 금은 1돈짜리 돌 반지입니다. 지인들이 돌 반지를 주는 것은 태어나서 1년 동안 잘 자라 준 것에 대해 감사하며, 앞으로 살아가면서 필요한 순간에 유용하게 쓰라는 의미입니다. 사실 금은 사는 순간 최소 10%는 마이너스인 투자입니다. 실물 금을 살 때는 부가세 10%가 붙고, 수수료를 추가로 내야 하는 경우도 있기 때문입니다.

실물 금을 살 때는 골드바를 매입하는 게 좋습니다. 반지나 목걸이, 금 거북 등은 별도의 세공비가 포함되어 있어 되팔 때 그 부분을 평가받기 어렵습니다. 이왕이면 쪼개서 여러 개 가지고 있는 것보다 중량이 좀 나가는 것 하나를 보유하는 게 좋습니다.

금 펀드, 금 ETF

실물로 금을 사지 않는 간접 투자인 금 펀드와 금 ETF도 좋습니다. 선취 수수료(1~1.5%)와 운용비, 배당 소득세 15.4%가 발생하고, 실물 인출은 불가합니다.

골드 뱅킹

골드 뱅킹도 있습니다. 예금으로 돈을 입금하면 실시간 시세에 따라 0.01g 기준으로 금을 살 수 있고, 수익의 15.4%에는 배당 소득세와 수수료가 붙습니다. 실물로 찾으려 할 때는 실물 거래 수수료 5%와 부가세 10%를 별도로 내야 한답니다.

한국거래소 금 시장

한국거래소 금 시장에서도 거래가 가능합니다. 증

권 계좌에서 주식처럼 금 현물을 1g 단위로 거래할 수 있으며, 수수료도 0.3%로 낮은 편이고 세금 혜택도 있습니다. 세금 혜택이라 함은 양도 소득세와 부가 가치세 모두 면제된다는 점입니다. 실물로 금을 찾고 싶을 때는 10% 부가세를 내면 실제 증권사 지점에서 약 2일 뒤에 금을 수령할 수도 있습니다. 결국 금에 효과적으로 투자하기에는 한국거래소 금 시장이 가장 낫습니다.

부동산 정책이 혼란스럽거나 주식 시장이 급락할 때, 무역 분쟁이나 북한 이슈 등이 있을 때를 대비해 자산 배분에 금은 필수입니다.

DAY 55

샤넬백 대신
명품 투자

할인율이란, 경제학적으로 미래의 일정 금액과 같은 가치를 갖는 현재의 금액을 계산하는 비율을 의미합니다. 단순히 말하면 1년 후 1억 1,000만 원이라는 금액이 현재의 1억 원과 같다면 할인율은 10%라고 보면 됩니다. 하지만 여기에는 금리와 인플레이션 등의 변수가 존재합니다. 그렇기에 우리와 같은 일반인들이 정확한 할인율을 계산하고 예상하여 합리적인 선택을 내리는 것이 쉽지만은 않습니다.

그렇다면 미래에 가치가 무조건 오를 것이라는 확신이 있다면 어떨까요? 그리고 가치 상승이 금리와 인플레이션보다 높다면? 그런 상품이 바로 현재 우리가 '명품'이라고 부르는 것들일 겁니다. '샤테크', '오픈런'이라는 말들도 경제라는 측면에서 보면 모두 현재의 할인율이 높기에 나타나는 현상들입니다.

샤넬의 클래식 플립백 미디엄 사이즈 가격은 2019년에 700만 원이었습니다. 2023년(9월 기준)에는 1,450만 원이 되었는데, 4년 만에 무려 2배가 오른 것이죠. 만약 이런 추세대로 가격이 오른다면 4년 뒤 샤넬백은

2,900만 원이 될 것입니다. 즉, 지금 샤넬백은 구매하면 4년 뒤 가격보다 50% 할인된 가격에 구입하는 셈인 것이죠. 거기에다가 만약 필요한 자리에 샤넬백을 매고 나갈 때 얻는 사회적 인식과 부러움, 시샘의 가치까지 더하면 어쩌면 그 이상일지도 모르는 것입니다.

그래서 사람들이 추운 날씨에도 백화점 앞에서 기다리고, 문을 열자마자 달려 들어가 구매하는 것이겠죠. 어떤가요? 이렇게 설명하니 경제적 현상으로서 오픈런을 이해할 수 있을 겁니다. 이런 현상에 발맞추어 몇 년 전부터 온라인 리셀 플랫폼과 중고 상품 거래 플랫폼도 함께 성장하고 있습니다.

결국 명품 구매는 미래에 대한 높은 할인율이 보장되는 투자 상품입니다. 그 외에 명품에 투자하는 방법으로는 명품 기업(LVMH, Kering, Hermes 등) 주식이나 럭셔리 ETF를 적립식으로 모으는 것도 좋습니다.

DAY 56

잘 챙기면
은행 이자 부럽지 않은
연말 정산

비슷한 연봉을 받더라도 어떻게 연말 정산을 준비하느냐에 따라 돌려받을 수 있는 세금의 차이는 큽니다. 더 많은 세금을 환급받고 싶다면 매년 1월 '연말 정산 간소화 서비스'가 오픈되기 전에 미리 알아둬야 할 게 있습니다. 할 때마다 새로운 연말 정산, 다시 개념부터 살펴볼게요.

연말 정산이란, 국세청에서 1년 동안 간이세액표에 따라 거둬들인 근로소득세를 연말에 다시 따져보고 실소득보다 세금을 더 내면 그만큼 돌려주고, 적게 냈으면 더 징수하는 절차입니다. 간단히 연말 정산 프로세스를 알려드릴게요. 내년 1~3월 사이에 일어날 일들입니다.

[연말 정산 프로세스]
① 연말 정산 간소화 서비스에 접속해서 연말 정산 정보 확인
② 소득 공제 증명 서류 수집

③ (2월, 근로자가 회사에) 소득 공제 신고서 작성 및 제출

④ 소득 공제 신고서 등 보완

⑤ 원천징수영수증 수령 및 결과 확인

⑥ (3월, 회사가 근로자에게) 연말 정산 환급을 받거나 추
　 가로 납부

　소득 공제와 세액 공제도 어려운 개념이 아닙니다. 소득 공제란, 말 그대로 번 돈에서 해당 부분을 제외한 뒤 세율을 매기는 겁니다. 세액 공제란, 연 소득에 세율을 적용하여 계산된 세금에서 해당 부분을 빼 주는 것이고요. 고연봉자는 세율 구간을 떨어뜨려야 하니 '소득 공제'에 집중하고, 세율 자체가 낮아서 내는 세금이 적은 일반 연봉자라면 '세액 공제'에 집중하는 편이 유리합니다. 소득 구간별로 세율이 다르기에 신경 써야 하는 것이죠.

• 소득 공제 대상

: 인적 공제, 특별 소득 공제, 개인 연금 저축(2001년

까지만 가입 가능), 주택 마련 저축, 신용카드 사용 금액

25% 초과분, 주택 청약 종합 저축 등

• 세액 공제 대상

: 교육비, 의료비, 보장성 보험료, 연금 저축, 개인형

퇴직 연금 등

당장 소득 공제를 받겠다고 갑자기 결혼하거나 자녀를 낳을 수도 없고, 세액 공제를 받겠다고 의료비를 마구 쓸 수도 없겠죠? 가장 현실적으로 세금 공제를 받을 수 있는 방법은 연금을 넣는 것입니다.

개인이 연금으로 받을 수 있는 세액 공제 한도는 900만 원까지입니다. 연금 저축 한도 600만 원과 개인형 퇴직 연금 한도 300만 원까지 세액 공제를 받을 수

있고, 연금 저축이 없다면 개인형 퇴직 연금만으로 900만 원까지 채워 넣는 방법이 있습니다.

탈세는 불법이지만, 절세는 합법입니다. 1년 동안 번 소득을 아쉽게 세금으로 내기 싫다면 12월 31일까지 최선을 다해 연말 정산을 준비해 봅시다.

DAY 57

세금의
원리 이해하기

죽음과 세금은 피할 수 없다는 말이 있죠. 그러나 급여 생활자로 살아가면서 월급 명세서에서 원천 징수로 납세하시는 분들은 '세금이 나와 무슨 상관있어?'라고 생각할 수도 있습니다. 하지만 투자금이 늘어날수록, 자산이 불어날수록, 연봉이 늘어날수록 세금이 신경 쓰일 거예요. 세금을 빼놓고는 어떠한 경제 활동도 하기 어렵다는 걸 곳곳에서 느끼게 되기 때문입니다.

여기서는 개인이 1년간 번 소득을 종합해서 매기는 종합소득세에 대해 알아보겠습니다. 월급을 받든 자영업을 하든 소득이 있는 개인이라면 누구도 여기서 자유로울 수 없습니다. 그러니 세금의 기본 원리를 알고, 소득과 세율을 이해한 후, 투자 수익에 대한 절세법을 알려드릴게요. 세금을 알아야 연 소득에 따른 투자 수익 극대화 전략을 짤 수 있답니다.

세금의 기본 원리

세금과 관련된 용어는 주로 한자로 되어 있어 보기

만 해도 머리가 아파요. 하지만 뼈대만 이해하면 어렵지 않아요. 그리고 세금이란 마구잡이로 거둬 가는 것이 아니고 나름 따뜻한 면도, 융통성도 있답니다.

조세 평등주의

조세의 부담이 공평하게 국민들 사이에 배분되도록 한다는 의미입니다.

똑같은 월급을 받더라도 온 가족을 부양해야 하는 사람과 부양가족이 없어 여유 있는 사람이 있습니다. 이들이 세금을 똑같이 내는 게 과연 공평한 걸까요? 세금에는 따뜻한 면이 있는데, 바로 개인 사정을 반영해서 소득 공제(인적 공제, 신용카드 공제, 특별 공제 등)를 해 주는 점이 바로 그것입니다.

순소득에 대한 과세

번 돈에 칼같이 자를 들이대기보다 융통성 있게 약간의 디스카운트를 해 줍니다. 직장인이라면 총급여에서 근로소득 공제를 적용하고, 사업소득에서는 필요 경비를 공제하고, 양도소득에서는 취득가액 외 필요 경비와 장기 보유 특별 공제 등을 공제해 줘요. 그런 다음 세율을 매긴답니다.

비례세율과 누진세율

비례세율은 물건값에 일률적으로 10% 적용하는 부가 가치세가 대표적입니다. 누진세율은 많이 벌수록 세금을 '더욱' 많이 부과하는 것을 말합니다. 나라에서 세수를 확보하고자 하는 차원도 있지만 소득의 양극화를 줄이려는 이유도 있습니다

소득과 세율

세금은 개인이 번 돈을 모두 종합해서 계산합니다. 국세청에서는 각 단계마다 공정하고 따뜻하게 세금을 깎아줍니다. 총소득에서 필요 경비와 공제액을 뺀 후 종합 소득 금액이 나옵니다. 여기서 다시 종합 소득 공제 (인적 공제, 신용카드 공제, 특별 공제 등)를 빼 줍니다. 그렇게

과세표준 금액이 나오는 것이죠.

소득에서 세금을 내야 하는 비율은 과세표준 구간에 따라 다릅니다. 그래서 이 구간은 외우는 게 좋아요. 소득 단계마다 절세 전략을 세워야 하기 때문이죠.

종합소득세 과세표준 세율

과세표준	세율	누진공제
1,200만 원 초과 1,400만 원 이하	6%	-
1,400만 원 초과 5,000만 원 이하	15%	108만 원
5,000만 원 초과 8,800만 원 이하	24%	522만 원
8,800만 원 초과 1.5억 원 이하	35%	1,490만 원
1.5억 원 초가 3억 원 이하	38%	1,940만 원
3억 원 초과 5억 원 이하	40%	2,540만 원
5억 원 초과 10억 원 이하	42%	3,540만 원
10억 원 초과	45%	6,540만 원

(출처: 국세청)

투자 수익에 대한 절세

근로 소득으로는 15% 세율 구간에 들었는데, 이자나 배당금의 합이 1년에 2,000만 원을 넘긴다면 금융 소득 종합 과세를 적용받습니다. 만약 연 2,000만 원을 넘지 않는다면 원천징수한 것으로 끝나지만, 넘으면 초과 금액을 근로 소득, 사업 소득과 합쳐서 과세표준 구간을 다시 정하게 되는 거예요.

그렇기 때문에 부자일수록 투자할 때 무조건 금융 소득 종합과세에 포함되지 않기 위해 비과세, 분리과세를 감안해야 합니다. 투자 수익이 많이 나는 것은 좋지만 처음부터 비과세, 분리과세 등을 잘 활용하여 포트폴리오를 짠다면 세금도 덜 낼 수 있겠죠.

DAY 58

절세가
이자보다 나은 이유

ISA(individual savings account) 계좌는 은행이나 증권사 중 1인 1계과 개설만 가능하며, 예금을 비롯하여 국내 상장 주식 · ETF, 펀드 등에 투자할 수 있는 개인 종합 자산 관리 계좌입니다. 거래하는 금융 기관에 새로운 계좌를 하나 만들고 그 안에서 여러 금융 상품에 투자할 수 있다는 의미이기도 하고요.

가장 큰 장점은 비과세 등 세제 혜택을 다양하게 받을 수 있다는 것, 단점은 의무 가입 기간이 3년에 연간 한도가 2,000만 원(이월 가능)이라는 점입니다. 또 중간에 찾는다고 보험금처럼 원금을 깎고 돌려주는 게 아니라 혜택받은 세금만 일반과세로 계산하고 찾을 수 있는 정도입니다.

ISA 계좌의 특징

그럼 ISA 계좌의 특징을 간단히 알아볼까요? ISA 계좌는 '비과세', '저세율',' '손익 통산', '분리과세'가 가장 특징입니다.

- 비과세: 수익에서 200만 원(서민형은 400만 원)까지 비과세를 적용합니다.

- 저세율: 비과세 한도 이후 순이익에 대해서는 9.9%만 적용합니다. 보통 소득세가 15.4%인 것에 비해 낮습니다.

- 손익 통산: ISA 계좌 안 상품끼리는 손익 통산해 줍니다. 즉, 손실과 이익을 합해서 계리해 주니 합리적이라 할 수 있죠. 단, 국내 주식과 국내 주식형 펀드는 원래 매매 차익이 비과세이기 때문에 여기에 통산되지 않습니다.

- 분리과세: 배당과 이자소득이 연간 2,000만 원이 넘으면 금융 종합 과세가 하나 더 붙는데, ISA 계좌는 제외해 준다는 의미입니다. 돈 잘 굴리는 분들에게 유리한 부분이죠(서민형 기준: 총급여 5,000만 원 이하 근로자/종합 소득 기준 3,800만 원 이하 사업자).

단, 3년 내 사고팔 때 양도세는 일반 과세로 적용되고 해지하는 시점에서 비과세 한도 200만 원(서민형은

400만 원) 공제 후 9.9% 세금으로 계산되어 환급된다고 합니다. 그러니 너무 자주 사고팔지 않는 게 좋겠죠. 정부가 이런 세제 혜택을 주는 까닭은 단기 투자하지 마시고 중장기 투자를 하라는 의미이기 때문이죠.

당장 ISA 계좌를 통해 투자한다면 해외 주식 ETF 위주로 해서 양도 소득세를 절세하는 게 좋겠습니다.

DAY 59

소리 소문 없이
빠져나가는 돈들

"나도 모르는 세금이 내 지갑에서 나가고 있다고?"

우리는 평소 식당에서 밥을 먹고 카드를 내민 후 '영수증은 그냥 버려 주세요'라고 습관적으로 말합니다. 하지만 자세히 영수증을 살펴볼까요? 부가 가치세(부가세) 10%라는 항목을 쉽게 찾을 수 있습니다.

이렇게 물건을 구입하고 받는 영수증에 포함된 부가세가 가장 대표적인 간접세입니다. 간접세는 납세 의무자가 우선적으로 납세하되, 그 세금은 물품 가격에 포함되는 것을 뜻합니다. 간접세를 '스텔스 세금(Stealth Tax)'이라고도 하는데, 레이더에 포착되지 않는 전투기인 '스텔스기'에서 나온 말이에요. 납세자들이 세금을 낸다는 사실조차 잘 모르는 세금이라는 의미입니다. 이러한 간접세에는 부가세 외에 개별 소비세, 주세, 유류세, 담배 소비세, 관세 등도 해당됩니다.

간접세의 위력을 눈으로 확인해 보기 위해 하루 소비 금액 중 간접세가 차지하는 비중을 계산해 볼까요?

[하루의 소비에 포함된 간접세 예시]

오전 8:00 출근을 하기 위해 버스 탑승(1,200원)

오전 9:00 회사 앞에서 산 아메리카노(4,000원)

오후 13:00 베트남 쌀국수로 점심(10,000원)

오후 13:30 편의점에서 담배 구입(4,500원)

오후 18:00 퇴근을 위해 버스 탑승(1,200원)

오후 20:00 치킨과 맥주 구입(각 20,000원과 5,000원)

오후 22:00 온라인 쇼핑으로 티셔츠와 바지 구입

(120,000원)

이제 여기에 포함된 간접세를 계산해 보겠습니다.

출퇴근 왕복 버스비에는 간접세가 없습니다. 기초 생활 필수 재화나 용역에는 세율이 낮거나 면세로 하는 정책 때문이죠. 아메리카노 커피, 베트남 쌀국수, 치킨, 티셔츠에 붙는 부가세 합계는 약 104,000원이고, 담배와 주류에 각 약 3,000원, 300원, 1,300원의 간접세가 부과됐습니다. 하루 소비에 가산된 부가세를 합산하면 총 18,600원이나 됩니다.

만약 같은 수준으로 한 달 동안 소비한다면 간접세는 55만 8,000원(30일 기준)이나 됩니다. 한 달 급여가 350만 원이라고 가정할 때, 급여가 통장에 들어오기 전에 떼어가는 근로소득세(직접세)는 약 13만 원입니다. 월급 명세서에서 볼 때마다 아깝다고 생각했죠? 하지만 소비에 따른 간접세가 55만 8,000원이라면 직접세의 4배나 내고 있는 셈입니다.

간접세의 특징을 하나 더 알아볼까요? 간접세는 소비 주체의 소득과 관계없이 누구나 동일하게 적용받습니다. 예를 들어, 스타벅스 카페라테(Tall) 가격은 5,000원입니다. 공급가액이 4,545원이고, 부가세액은 455원이죠. 이 세금은 누구에게나 동일합니다. 신세계 정용진 부회장도 455원, 나도 455원. 조금은 억울하지 않나요?

세금 내는 것이 아까워서라도 소비를 점검하고 불필요한 것을 줄여보는 것은 어떨까요? 불필요한 소비를 줄이는 것은 물론 절세 효과까지 누리는 것이니 말입니다.

DAY 60

투자 로드맵 점검하기

투자에서 승률 100%를 자랑할 수 있는 사람은 용하다는 무당밖에 없을 겁니다. 투자라는 것이 오지 않는 미래를 상대하는 것이기 때문에 오를 확률 50%, 내릴 확률 50%를 상정하며 가는 것이거든요. 좀 더 높은 확률로 오를 맞추기 위해서는 많은 노력이 수반해야 합니다. 매일 엄청난 양의 정보를 읽고 해석하고 사람들의 투자 심리를 파악하려면 하루 24시간이 모자랄 거예요.

그뿐인가요. 내 판단이 맞다고 자기 합리화도 해야 하고, 나랑 다른 사람 의견에는 반박도 해야 합니다. 사실은 내가 틀릴 수도 있다는 불안감에 스트레스를 받고 있을 수 있습니다. 그렇다고 투자를 멈추기도 어렵습니다. 확신을 갖기 위해 투입했던 시간과 비용들을 헛되게 만들 수 없기 때문이죠.

이럴 때는 잠시 멈춰서 다음의 다섯 가지 질문을 던져 보세요. 내가 하고 있는 투자의 방향성이 맞는지 아니면 지금이라도 수정해야 하는지 중간 점검이 필요합니다. 만약 아직 투자를 시작하지 않았다면 다음 질문에 부합하는 방향으로 초기 설정을 하면 좋습니다.

투자가 어렵고 힘든가

사람마다 다른 성향을 가지고 있습니다. 투자가 본업이 아닌 우리는 본업에 지장이 가지 않는 선에서 편하게 투자하는 게 좋습니다. 그래서 다음의 세 가지 방법을 제시합니다. 여기서 하나를 먼저 선택하세요. 아래로 내려갈수록 적극적인 투자 스타일입니다.

① 무투자: 투자란 어렵고 위험하다는 인식이 있기 때문에 보험도, 개인 연금도 들지 않고, 은행 예금만 하시는 분들이 많습니다. 위험을 극도로 회피하고 싶기 때문이죠. 1%의 손실도 참을 수 없을 정도라면 투자를 하지 않는 게 좋습니다.

② 무의식 투자: 내 의식 속에서 투자한다는 개념 없이 투자하는 겁니다. 자동 적립식으로 매월 일정 금액을 여러 금융 상품에 투자하는 것이죠. 퇴직 연금이 이에 해당됩니다. IRP나 DC형에서 디폴트 옵션을 선택하는 게 최선입니다.

③ 포트폴리오 투자: 주도적으로 자산을 배분하고

리밸런싱하며 균형 잡힌 포트폴리오를 운영합니다.

투자 상품별 난이도를 알고 있는가

투자의 세계는 체급이 정해져 싸우는 레슬링이 아닙니다. 초보자와 고수가 혼재되어 서로의 돈을 빼앗고 뺏기는 게임 같은 곳이죠. 그러니 처음부터 어려운 상품에 접근하기보다 가장 기본적인 수준의 선택지부터 하나씩 해 보며 시장 감각을 익히는 것도 좋습니다.

• 초보자라면 인덱스 펀드부터

인덱스 펀드는 특정 지수를 추종하기 때문에 펀드 매니저의 개입 없이 자동으로 운용되며, 보수가 저렴합니다. 그래서 투자자가 시간과 노력을 덜 들일 수 있고, 저비용으로 장기 투자할 수 있다는 것이 장점입니다.

• 중급 이상 투자자라면 주식 투자

주식과 채권은 직접 투자해야 하기 때문에 높은 통제성이 필요합니다. 주식 투자는 인덱스 펀드와 달리 스스로 산업과 기업을 분석하며 투자해야 하기 때문에 난이도가 높아요. 리스크가 큰 만큼 높은 수익을 기대할 수 있지만, 손실 규모도 클 수 있다는 점을 기억하세요.

단기적으로 수익을 꼭 봐야 하는가

단기적으로 일정 목표 수준의 수익을 꼭 보기 위해 투자하면 안 됩니다. 돈 복사가 그렇게 쉬운 게 아니라서요. 게다가 친구 따라 강남 간다는 심정으로, 나도 뭐라도 좀 넣어놔야 안심이 된다고 그냥 투자해서도 안 됩니다. 그렇게 무의미하게 투자되는 돈은 방향성이 없기 때문에 금방 사라지거든요. 문제는 그렇게 돈이 사라져도 뭐가 잘못된 건지 파악할 수 없는 수준이라서 다음과 같은 일을 반복하게 됩니다.

짧게는 신형 아이폰 출시일에 맞추겠다며 한두 달, 이사 가서 소파 바꾸겠다고 한두 달, 남편 차 바꿔주겠다고 한두 달을 목표로 투자한다면 백전백패입니다.

내 연령대에 맞는 포트폴리오인가

금융 자산군의 성격을 모두 파악했다면 각 자산군을 얼마나 보유하는 게 좋을지 생각해 봐야 하겠죠? 각 자산별 비중을 생각하여 포트폴리오를 짜야 하니까요. 백종원 만능 양념장 레시피를 떠올리면 좋습니다. 우리가 배운 자산군을 각각의 양념이라 생각하고, 어떻게 배합할지 고민해야 합니다.

이제 주식과 채권 등을 중심으로 각자의 포트폴리오를 준비해 볼까요? 가능하면 연령대별로 조금 다른 포트폴리오를 가지면 좋습니다. 은퇴 전에는 위험 자산 비중을 높여서 공격적인 수익률을 기대하고, 은퇴 후에는 안전 자산 비중을 높여 변동성을 축소시키는 데 중점을 두면 좋기 때문입니다.

[연령별 글로벌 주식 : 원화 채권 투자 비율 예시]

- 30세 = 80:20

- 35세 = 80:20

- 40세 = 72:28

- 45세 = 72:28

- 50세 = 56:44

- 55세 = 48:52

- 60세 = 40:60

- 65세 = 32:68

* 삼성자산운용(2022.05.31.기준)

선정한 종목이 적합한가

중심 없이 테마주에 기웃거리다가는 초전도체처럼 내 자산도 공중 부양했다가 미끄러질 수 있습니다. 그러니 산업과 기업에 대한 경쟁력 파악은 기본입니다. 그렇다고 MMF나 CMA 등에 3개월 이상 자금을 넣어 두는 것도 손해죠.

여기까지 자기 자신에게 질문해 보세요. 내가 하고 있는 투자가 맞는지 항상 되물으면서 아니라고 판단되면 과감히 조정하는 시간을 갖는 것도 좋아요.

투자란 경제 흐름을 보고 성장할 수 있는 산업군의 1등 기업에 투자하고, 성공의 과실을 함께 따먹는 과정입니다. 그런 의미에서 투자에 임하려면 경제와 산업, 기업 분석 등 꾸준한 공부가 필요합니다.

돈 모으기에 늦은 때란 없다! 0원으로 시작하는

60일 완성 무조건 모이는 돈 버는 습관

초판 1쇄 인쇄 2023년 12월 10일
초판 1쇄 발행 2023년 12월 20일

지은이 박지수
펴낸이 이경희

펴낸곳 빅피시
출판등록 2021년 4월 6일 제2021-000115호
주소 서울시 마포구 월드컵북로 402, KGIT 16층 1906호

memo.

memo.

memo.

memo.

memo.

memo.